옮긴이 **이지혜**　　서울대학교 고고미술사학과에서 고고학 학사, 석사학위를 받았다. 2022년 현재 LH토지주택박물관에서 학예사로 재직 중이다. 고고학을 공부하면서 인간이 떠난 자리엔 사물과 기술만이 남는다는 것을 알게 되었고, 이 과정에서 자연스럽게 과학기술사와 과학철학에 흥미를 느끼게 되었다.

옮긴이 **홍성욱**　　과학기술학자. 서울대학교 물리학과를 졸업하고 같은 학교 대학원 과학사 및 과학철학 협동과정에서 석사·박사학위를 받았다. 캐나다 토론토대학 교수를 거쳐 2022년 현재 서울대학교 과학학과 교수로 재직 중이다. '과학기술과 사회 네트워크' 운영위원장, 북리뷰 전문 잡지 〈서울리뷰오브북스〉의 편집장을 맡고 있다. 지은 책으로 《실험실의 진화》《크로스 사이언스》《포스트휴먼 오디세이》《홍성욱의 STS, 과학을 경청하다》 등이 있고, 함께 지은 책으로 《미래는 오지 않는다》《슈퍼휴머니티》《과학으로 생각한다》 등이, 함께 옮긴 책으로 《과학혁명의 구조》《판도라의 희망》 등이, 함께 엮은 책으로 《마스크 파노라마》 등이 있다.

KB015017

도덕을 왜 자연에서 찾는가?

Against Nature

로레인 대스턴 — 이지혜·홍성욱 옮김

도덕을 왜
자연에서 찾는가?

: 사실과 당위에 관한 철학적 인간학

김영사

도덕을 왜 자연에서 찾는가?

1판 1쇄 인쇄 2022. 11. 4.
1판 1쇄 발행 2022. 11. 15.

지은이 로레인 대스턴
옮긴이 이지혜, 홍성욱

발행인 고세규
편집 이승환 디자인 조명이 마케팅 신일희 홍보 박은경
발행처 김영사
등록 1979년 5월 17일 (제406-2003-036호)
주소 경기도 파주시 문발로 197(문발동) 우편번호 10881
전화 마케팅부 031)955-3100, 편집부 031)955-3200 | 팩스 031)955-3111

값은 뒤표지에 있습니다.
ISBN 978-89-349-4272-6 93120

홈페이지 www.gimmyoung.com   블로그 blog.naver.com/gybook
인스타그램 instagram.com/gimmyoung   이메일 bestbook@gimmyoung.com

좋은 독자가 좋은 책을 만듭니다.
김영사는 독자 여러분의 의견에 항상 귀 기울이고 있습니다.

어떻게 '사실'이
'당위'가 되는가?

《실용적 관점에서 본 인간학Anthropologie in pragmatischer Hinsicht》(1798)이라는 저서에서 임마누엘 칸트는 이렇게 말했다. "사람들이 인간 외에 어떤 다른 적절한 생명체를 이성적인 존재라고 생각할 수 없다는 것은 주목할 만하다. 그들에게 다른 모든 생명체는 기껏해야 인간의 특정한 성질의 상징만을 대표할 뿐(예를 들어, 뱀은 사악한 교활함의 심상을 대표한다) 이성적인 존재 그 자체를 대표하지는 못한다. 따라서 사람들은 상상 속의 다른 모든 행성을 오직 인간의 형상을 가진 존재들로만 채운다. 비록 그 행성들을 지탱하고 그 행성들이 품고 있는 토양의 다양성과 이를 구성하는 원소들의 차이를 고려할 때 그 행성들은 서로 다르게 생성되었을 수 있지만 말이다."[1] 아담과 이브를 타락시킨 인간의 머리를 한 뱀에 대한 많은 묘사는 "그렇게 감언이설로 말하고 생각하는 뱀은 파충류인 것만큼 인간이다"라는 칸트의 요점을 분명히 짚어낸다(그림1). 비록 칸트는 인간과는 다른 이성적 존재들의 실체와 이들의 육체적 다양성을 확고하게 믿었지만, 이 다양성이 이성적 존재라는 이들의 특성에는 어떠한 차이도 낳지 않는다고 상정했다. 예를 들어, 그들이 이성적인 화성인이든 이성적인 천사든, 우주 모든 곳에서 이성은 이성이라는 것이다.[2] 나는 이러한 칸트식의 철학적 인간학이라는 딱지와는 다른 대안을 제시하고자 한다. 그 대안은 우리가 어떤 종류의 종species인가가 (단지 감각과 심리가 아닌) 이성에 중요하게 관여한다는 것이다. 내가 제안하는 종류의 철학적 인간학은 보편적 이성이 아닌 인간의 이성에 관한 물음이다.

이 프로젝트는 (문화인류학 혹은 특정한 시대와 장소에 관한 역사와 달리) 철학적 인간학의 그럴듯한 후보가 될 만한 역사적·문화적 일반성이라는 진정한 문제에 천착할 때만 의미가 있다. 내가 다루고자 하는 질문은 간단

그림 1 작가 미상, 〈낙원의 아담과 이브Adam and Eve in Paradise〉(1370년경), 도베란 성당, 독일 바트도베란.

하다. 왜 사람들은 수많은 문화와 시대를 막론하고, 널리 그리고 끈질기게 자연을 인간의 행위에 대한 규범의 원천으로 보는가? 왜 자연은 인간이 만드는 도덕적 질서에 대해 거대한 반향실 역할을 하게 되었는가? 한 질서로부터 다른 질서를 복제하는 것은 불필요해 보이고, 본래 자연의 질서라고 추정되는 것으로부터 인간 질서의 정당성을 끌어내는 것은 매우 의심스럽다. 그러나 동성결혼이나 유전자변형생물체에 대한 최근의 논쟁에서, 고대 인도와 고대 그리스에서, 중세 프랑스와 계몽주의 미국에서, 사람들은 자연적 질서와 도덕적 질서를, 그리고 자연적 무질서와 도덕적 무질서를 연관지어왔다. 예를 들어, 별의 순환 운동은 스토아학파 현인들에게 좋은 삶의 표상이 되었다. 또 혁명기의 프랑스와 초창기 미국에서 인간의 권리는 자연의 법칙에 기대어 보증되었다. 최근에 일어난 스위스 알프스의 눈사태나 미국의 허리케인을 보도하는 신문은 "자연의 복수"라는 표현을 머리기사에 실었다. 자연은 인간 평등의 보증자로서 인간을 해방하기 위해, 그리고 인종주의의 근간으로서 인간을 노예화하기 위해 동원되었다. 반동주의자와 혁명가가, 독실한 사람과 방탕한 사람이 모두 자연의 권위를 이용했다. 여러 지역의 다양한 전통에서 자연은 선the Good, 진리the True, 아름다움the Beautiful과 같은 모든 가치의 모범으로서 떠받들어졌다.[3]

수 세기 동안, 철학자들은 자연에는 어떠한 가치도 없다고 주장해왔다. 자연은 단순히 사실이며, 그 '사실'을 '당위'로 바꾸려는 인간 행위의 강요나 투영을 받아들일 뿐이라고 보았다. 이런 관점을 따른다면, 우리는 어떤 일이 어떻게 일어나는지에서 어떻게 되어야 하는지까지, 자연적 질서의 사실에서 도덕적 질서의 가치에 이르기까지, 정당한 추론을 끌어낼 수 없다. 그러한 추론을 끌어내려 하는 것은 이른바 "자연주의적 오류naturalistic fallacy"[4]를 범하는 것이다. 이 오류는 문화적 가치가 자연으로 이전되고, 이 가치를 지지하도록 다시 자연의 권위를 소환하는 일종의 은밀한 밀수密輸 작전과 같다. 프리드리히 엥겔스는 사회 다윈주의Social Darwinism를 비평하면서, 이 전략은 원래 다윈이 자연의 영역으로 수출했던 맬서스의 교리를 사회적 영역으로 역수입한 것일 뿐이라고 주장했다.[5] 엥겔스의 예는 이러한 종류의 가치 밀수가 종종 정치적인 결과를 가져옴을 보여준다. 마치 중세 통치자들이 "정치체body politic"의 손과 발이 머리와 심장을 충실하게 섬기는 것에 근거해서, 인민 대다수를 귀족과 성직자에 종속시키는 것이 자연스럽다고 옹호했을 때처럼 말이다. 또는 20세기 초 여성들을 위한 고등교육을 반대한 사람들이 모든 여성의 천직은 아내와 엄마가 되는 것이라고 주장한 것처럼 말이다. 이렇게 해서 인민의 종속성subordination과 여성의 가정성domesticity은 '자연화'되었다. 이런 경우 우연적인 (그리고 논란이 되는) 사회적 합의는 소위 자연적 합의의 필연성, 그리고/혹은 자연적 합의의 바람직스러움에 의해서 뒷받침되었다. 19세기 영국 철학자 존 스튜어트 밀처럼 자연 질서를 도덕적으로 메아리치게 하는 데 반대하는 일부 비평가들은 이러한 사례를 염두에 두고 자연주의적 오류가 논리적으로 거짓일 뿐만 아니라 도덕적으로도 해롭다고 비난했다. "자연이 죽이기에 우리도 죽여야 하는 게 옳고, 자연이 고문하기 때문에 우리도 고문해야 하는 게 옳고, 자연도 그러니 우리도 망치고 파괴해야 하는 게 옳은가? 만약 아니라면 우리는 자연이 하는 일을 전혀 생각하지 말고, 그저 선한 일을 해야 한다."[6]

그렇다면, 왜 자연의 도덕적 공명은 그렇게 완강하게 지속되는가? 비판적인 사상가들은 '사실'과 '당위'를 떼어놓기 위해서 많은 글을 써댔다. 그러나 그들이 최선을 다해 노력했음에도, 자연으로부터 규범을 추출하려는 유혹은 지속적이고 거부할 수 없는 것처럼 보인다. '규범norm'이라는 단어는 기술적인descriptive 것과 규범적인prescriptive 것의 어울림을 전형적으로 보여준다. 즉 규범은 보통 일어나는 일과 일어나야 하는 일을 모두 의미한다. "보통normally(규범적으로), 첫눈이 내리기 전에 철새는 이주한다"는 문장과 같이 말이다. 나는 데이비드 흄, 임마누엘 칸트, 존 스튜어트 밀, 그리고 그 외의 유명한 학자들이 실패한 곳에서 사실과 당위를 떼어놓으려는 또 다른 시도가 성공할 것이라는 환상에는 빠지지 않는다. 오히려, 나는 그들이 왜 실패했는가를 이해하고 싶다. 우리는 왜 이들의 훌륭한 조언에도 불구하고 계속해서 자연에서 가치를 찾으려 하는가?

나는 위 질문에 대한 답이 단순히 대중의 실수, 종교적 믿음의 잔재, 또는 엉성한 사고의 습관으로 설명된다고 생각하지 않는다. 이것은 집단 비합리성의 단순한 사례가 아니라 오히려 바로 합리성의 인간적 형태에 관한 사례다. 그렇기에 이는 철학적 인간학의 주제다. 나의 연구 방법은 자연 속 가치의 탐구를 촉진하는 직관의 근원을 발굴하는 것이다. 다양한 시대와 장소에서, 이러한 직관은 자연과 문화 자체의 풍부함만큼이나 가장 풍부하고 다양한 형태로 자신을 표현해왔다. 하지만 자연에 기반을 둔 다양한 규범들의 저변에 있는 핵심 직관에는 모종의 공통점이 있다. 그 핵심에는 사실과 이상으로서 질서를 바라보는 인식이 자리잡고 있다.

자연적인 질서와 도덕적인 질서가 다른 방식으로 얽혀온 몇몇 예시들을 보면 문제가 선명하게 드러날 것이다. 왜냐하면 자연에는 질서가 매우 풍부해서, 자연의 질서와 인간의 질서는 매우 많은 형태로 비유될 수 있기 때문이다. 수천 년 동안, 자연의 권위는 다양한 명분을 지지하는 데 동원되어왔다. 예를 들어 노예제도를 정당화하거나 비난하기 위해, 모유 수유를 찬양하고 자위 행위를 비난하기 위해, 아름다움보다 숭고함의 의미를 높이기 위해, 그리고 본능 또는 진화에 호소함으로써 윤리를 정당화하기 위해서 말이다. 이 길고 얼룩덜룩한 역사를 서술하려면 여러 권의 책이 필요할 것이고, 이러한 다양한 규범들을 나타내고 종종 정당화하는 자연적 질서를 묘사하려 해도 마찬가지로 여러 권의 책이 필요할 것이다. 하지만 특정한 형태의 질서는 고대 그리스-로마

시기부터 어제의 신문에 이르기까지 계속해서 반복되고 있다. 적어도 (내가 부분적으로나마 쓸 자격이 있는 유일한) 서구의 지적 전통 내에서, 특히 다음의 세 가지는 학문적 성찰과 대중의 직관에 모두 강력하고 지속적인 영향력을 행사했다. 바로 특정 자연specific nature, 지역적 자연local nature, 보편 자연법칙universal natural law이다.

특정 자연

모든 정말로 흥미로운 단어들처럼, '자연'에는 수많은 의미가 겹겹이 존재한다. 시대와 맥락에 따라 자연은 우주의 모든 것(때로는 인간을 포함하거나 제외하고), 만들어진 것이 아닌 태생의 것, 문명화된 것이 아닌 야만의 것, 세련된 것이 아닌 날 것, 정교한 것이 아닌 자연발생적인 것, 이국적인 것이 아닌 토착적인 것, 신성한 것이 없는 물질적인 세계, 풍요의 여신, 그리고 그 외의 많은 것을 가리킬 수 있다. 학자들과 어원 연구자들은 자연에 관한 이런 의미에 대해 긴 목록을 작성하고, 그것들의 복잡한 역사를 추적하고 있다.[1] 이 많은 정의와 뉘앙스 중 가장 근원적인 것 하나만을 고르려는 시도는 어리석은 일이다. 개념의 효용은 단어의 복잡성에 달려 있기 때문이다. 그렇기는 하지만 대부분의 주요 유럽 언어에는 자연에 대한 오래되고 지속적이며 강력한 하나의 뜻이 있다. 이는 바로 자연이 어떤 존재를 그것이 아닌 것과 구별되는 바로 그 존재로 만드는 사물의 본질로서의 뜻, 즉 그것의 존재론적 신분 증명서로서의 뜻이다. (유일하지는 않지만) 대표적인 사례가 생물종이기 때문에, 나는 '자연'의 정의에 대한 실타래 속에서 찾을 수 있는 이 선홍빛 실 하나를 **특정**specific(이 단어에는 '종 특유의'라는 뜻도 있다—옮긴이) 자연이라고 할 것이다.

특정 자연은 밤나무, 구리, 여우 같은 사물들의 특징적인 형상(즉 개화, 붉은색, 교활함)이나 그들의 경향성(즉 씨앗에서 자라고, 특유의 색을 띠고, 겨울에 번식하는) 같은 것을 아우른다. 특정 자연은 동물, 채소, 광물과 같은 특정 종류의 외양과 행동을 결정한다. 외양과 행동을 모두 바꾸는 것은 가능하지만, 이것은 특정 자연을 제한하고 '강제할' 때만 가능하다. 불꽃은 위로 튀어오르는 것이 자연스럽지만, 보호막에 의해 제한될 수 있다. 마찬가지로, 딸기는 봄에 열매를 맺는 것이 자연스럽지만, 비닐하우스에서 겨울에 열리도록 강제할 수 있다. 특히 유기체에 관해서 특정 자연은 성장의 방향을 계획한다. 소나무는 위를 보며 자라고, 바오바브나무는 아래를 보며 자라는 것, 올챙이는 개구리로 자라고, 블랙베리 덤불은 여름에 열매를 맺는 것, 강아지는 개가 되고 어린 양은 어른 양이 되는 것이 바로 자연이다. 이렇게, 특정 자연은 우주의 등장인물과 줄거리를 정의한다.

특정 자연은 그리스어 physis(자연)와 라틴어 natura(자연)의 가장 오래되고 기본적인 의미이며, 두 단어는 생식과 성장이라는 뜻과 어원적으로 연결되어 있다. '식물'이라는 단어는 자발적인 성장의 결과로 나타나는 종의 형태를 말하는데, physis는 식물이라는 단어와 (말하자면) 뿌리(어근)를 공유한다.[2] natura는 '태어나다'라는 동사로부터 형성되었다. 또한 우리는 'nativity(출생)'와 'innate(타고난)'라는 단어에서 natura의 어원의 흔적을 포착할 수 있다. physis와 natura의 그리스적 의미와 라틴적 의미는 이미 고대부터 얽혀왔다. 거의 모든 현대 유럽어들이 차례로 라틴어 natura에서 'nature'를 위한 단어를 얻었고, 특정 자연의 의미를 죄다 이어받았다.[3] 매우 다른 계보를 가졌기에 세상에 대해 상이한 관념을 가진 문화와 언어도 비슷한 개념을 이용한다. 산스

크리트어로 dharma(다르마)는 (그 질서가 무엇인가와는 무관한) '질서의 원리'라는 것에 뿌리를 내리고 있으며, 특정 자연을 포함한다. 이들은 이렇게 말한다. "개인의 본성은 그 자신의 다르마와 그가 속한 그룹의 다르마의 원천이다. 뱀은 무는 것이 본성이고, 악마는 속이는 것이, 신은 베푸는 것이, 현인들은 그들의 감각을 통제하며, 그렇게 하는 것이 이들의 다르마이다."[4] 민족생물학자의 연구는 식물과 동물을 (때로는 민족종folk species이나 속칭종generic species으로 불리는) 종 비슷한 집단으로 분류하는 것이 여러 문화권에 공통적으로 퍼져 있을 뿐만 아니라, 이 속칭종의 기저에는 전형적인 외모, 행동, 종의 생태학적 선호의 고유 원인이 되는 인과적인 본성 또는 본질이 있다는 상식적인 가정이 옳다는 것을 보여주고 있다.[5]

특정 자연의 형이상학은 손쉽게 조사하지 못한다는 점에서 신비하고, 역사적으로 변하기 쉽다. 고대 그리스가 내적 원리라고 상상한 특정 자연이 현대에 와서는 DNA, 화학적 화합물, 또는 컴퓨터 프로그램 비슷한 규칙의 집합으로 간주되듯이 말이다. 더 일반적으로 말하면, 특정 자연은 예술이나 교육에 의해 부가된 것에 반하는, 타고나거나 자발적인 특성을 의미한다. 특정 자연은 다양한 우주진화론 및 세상에 관한 이론들과 공존할 수 있다. 특정 자연은 (바위는 지구의 중심에서 휴식하려 한다거나 도토리는 다 자란 참나무가 되려 한다는 등) 사물이 특정 목적지로 애써 향해 간다고 이해하는 아리스토텔레스의 목적론 또는 DNA와 생화학적 경로에 호소하는 물질주의적 설명과 양립할 수 있다. 특정 자연은 아마도 신성한 천명으로 세상이 탄생했을 때 심어졌거나, 그저 영원히 존재하는 것이거나, 또는 (진화론에서처럼) 생성했다가 소멸하는 것일 수 있다. 하지만 과학과 형이상학이 특정 자연에 무엇을 요구했든, 특정 자연의 개념 그 자체에는 회복력이 있다. 이 개념은 철학에서의 유명론자들과 과학에서의 다윈주의자들에 의해 공격받아왔고, 접붙이기 같은 오래된 기술이나 유전공학 같은 새로운 기술에 의해 반박되었다. 이것은 인종주의의 바탕을 이루는 것이라 개탄받아왔고, 경험을 작은 조각으로 나누려는 불운한 시도라고 조롱받아왔다. 그러나 개념과 관행으로서의 특정 자연은 깊이 뿌리 박혀 있으며 널리 퍼진 상태로 존속되고 있다.

특정 자연의 개념과 밀접한 관련이 있는 실천은 분류classification이며, 가장 일반적인 수준에서 보통명사가 존재한다는 사실은 사물을 범주화하여 묶으려는 인간의 인지적 필요성을 증명한다. 우리는 모든 하나하나가 어떤 다른 것과 비교할 수 없을 만큼 특이해서 더 단순화할 수 없는 개체로 존재하는 세상, 즉 고유명사로만 이루어진 세상을 떠올릴 수 없다. 범주들의 몇 가지체계는 언어와 경험의 전제조건이다. 하지만 특정 자연은 여느 범주와는 다르다. 특정 자연은 그들 안에 둥지를 튼 본질과 그들의 이야기를 담고 있다. 즉 그 순간에 그들이 무엇인가뿐 아니라, 그동안 그것이 무엇이었으며 무엇이 될 것인지를 담고 있다. 모든 문화는 편리함convenience, 감식connoisseurship, 변덕caprice이라는 카테고리를 만든다. 가전제품, 잡초, 교향곡처럼 말이다. 보르헤스식 상상은 새벽에 한 시간 동안 보이는 모든 구름, 낮잠을 안 자고 버티는 아이들이 망가뜨린 장난감들, 높은 빌딩 사이와 지하철역 밖으로 불어 나오는 도시의 바람 같은 범주를 만드는 판을 짤 수 있다. 아무도 따분하거나 황홀한 이런 범주들을 특정 자연과 혼동하지는 않을 것이다. 이는 가전제품은 인간에 의해 만들어질 수 있지만, 잡초는 그럴 수 없다는 식의 제조 과정과 관련된 것이 아니다. 가전제품과 잡초라는 범주들은 모두 관습적으로 인간에 의해 만들어진 것들이다. 우리는 인공물(세탁기, 오케스트라)뿐 아니라 자연물(구름, 식물, 바람)의 범주를 만들어낼 수 있다. 이러한 범주는 유용할 수 있고, 심지어 모든 일상사에 필수적일 수도 있다. 예를 들어 돈은 특정 자연이 아니지만, 세상을 돌아가게 한다. 하지만 여기서 놓치고 있는 점은 어떤 것의 그 특성과 역사를 인식 가능한 게슈탈트gestalt(형태)와 예측 가능한 경향을 가진 안정된 유형으로 굳히는 특정 자연의 온전함이다. 유기체 영역에서는 이 진실성이 충실한 재생산 과정으로 가장 빈번하게 표현된다. "콩 심은 데 콩 나고, 팥 심은 데 팥 난다"라는 속담처럼 말이다.

특정 자연의 질서는 대체로 일탈한 생식에 의해 교란되었다. 특히 기독교 전통에서 종의 경계를 넘나드는 괴물들, 생식을 목표로 하지 않는 동성애와 같은 특정 성 성향이 그런 사례다. 특정 자연의 질서는 진실성의 이상을 지지하고, 가장 최근의 동성혼 논쟁에서 볼 수 있듯이 특정 자연만큼이나 오래 지속된 부자연스러운 유령을 비난하는 데 사용되었다. 진정한 자연을 우연, 예술, 전통의 산물로부터 구별하려고 할 때마다 아리스토텔레스는 진정한 특정 자연은 충실하게 자신을 재생산한다는 기준으로 되돌아간다. 그는 우주가 특정 자연의 규칙들을 거치기보다는 우연히 만들어졌을 수 있다는 주장을 재생산의 예를 들며 반박한다. "이것으로부터 특정한 존재가 정말로 있다는 것은 명확하다. 사실 우리는 이것을 '자연'이라고 부르는데, 실제로는 어떤 우연한 생명체가 특정 씨앗으로부터 형성되는 것을 발견하지 못하지만, A가 a로부터 오고, B가 b로부터 온다는 것은 발견할 수 있기 때문이다. 우연한 존재가 우연한 씨앗을 만들어 내지는 못한다."[6] 인간 같은 진짜 특정 자연과 침대 같은 인공물의 차이는 무엇인가? 인간은 다른 인간을 낳지만 큰 침대는 작은 침대를 낳지 못한다.[7] 돈이 이자를 낳는 것은 "자연에 반하는para physin " 것인데, 돈은 특정 자연을 지니지 않기에 부모가 자손을 낳듯 그 자체를 생산할 수 없기 때문이다.[8] 이런 생각이 수 세기 동안 고리대금 관련 법률에 영향을 주었다는 사례에서, 규범과 자연은 연동된다. 분명히 아리스토텔레스가 살았던 아테네에서 돈을 빌릴 때는 이자가 붙었고, 아리스토텔레스는 이를 불평했던 것이다. 이 경우에서는, 부자연스러움은 불가능한 것이 아니라 바람직하지 않은 것이다.

특정 자연의 재생산 특권을 비유적으로라도 위반하

는 것은 매우 나쁘다. 아리스토텔레스가 저서에서 말하는 글자 그대로의 진짜 위반은 훨씬 더 나쁘다. 이상적으로, 특정 자연은 그들 자체를 재생산하고 그렇게 함으로써 세계의 질서를 재생산한다. 심지어 완벽한 복제로부터의 미세한 벗어남도 괴물로 간주된다. 부모를 닮지 않은 사람은 정말로 어떤 면에서는 흉측하다. 왜냐하면, 그것은 어떤 면에서 자연이 유전적 유형에서 벗어난 것이기 때문이다.[9] 아리스토텔레스에게, 흉측함은 자손이 부계를 복제하는 데 실패할 때부터 시작되는 연속체이고(이런 의미에서, 모든 딸들은 기형의 흔적이다), 부모의 종조차 닮지 않는다면 그 흉측함이 극한까지 뻗게 된다. 우리는 여기서 특정 자연을 번식과 묶고, 흉측함(번식의 실패)을 특정 자연의 전복(그림2)과 묶는 강철 같은 연결고리를 제외하고는 아리스토텔레스 발생론의 세부사항에는 관심을 둘 필요가 없다. 그 연결고리가 바로 토마스 아퀴나스와 같은 아리스토텔레스학파 전통의 기독교도가 간통을 비롯한 다른 성적인 죄보다 수간을 더 큰 죄로 여긴 이유이다. 수간과 같은 짝짓기는 "자연의 조물주"에 의해 만들어진 특정 자연들 사이의 경계를 넘는 것이라 할 수 있다.[10]

그림 2 인간─돼지. 앙브루아즈 파레Ambroise Paré, 《괴물과 불가사의Les Monstres et les prodigies》(1573년).

특정 자연은 사물의 질서를 보장한다. 아리스토텔레스는 우주가 단지 우연에 의한 산물이라고 주장하는 상대편 철학자들과 싸울 때마다 특정 자연을 무기처럼 휘두른다. 특정 자연은 여전히 진화의 굽이굽이를 설계하는 신의 작업을 주장하는 사람들의 화살통에 든 가장 뾰족한 화살이다. 하지만 특정 자연에 의해 보장된 규칙성을 인정하기 위해 신적인 인도자를 들먹이거나 자연을 의인화하거나(아리스토텔레스의 자연은 의도하지 않은)[11] 모든 특정 자연들을 합쳐서 우주적이면서 모든 것을 포괄하는 자연으로 만들 필요는 없다. 또는 아리스토 텔레스의 특정 자연에 대한 관점만을 고집할 필요도 없다. 칸트가 인정했듯, 특정 자연의 안전성은 심리학에서의 연상법칙 상위에 존재하는 경험의 전제조건이다. "만약 황화수은이 때로는 빨간색이고, 때로는 검은색이고, 때로는 가볍고, 때로는 무거웠다면, 만약 인간이 때로는 이 동물의 형태로, 때로는 저 동물의 형태로 바뀌었다면, (…) 나의 경험적인 상상력은 붉은색을 표현할 때 무거운 황화수은을 떠올릴 기회를 결코 얻지 못할 것이다."[12] 우리는 모든 것이 끊임없이 다른 모든 것으로 변형되며, 그것이 무엇인지가 그것의 과거와 미래를 안내하지 못하는 세상, 즉 특정 자연이 없는 세상을 상상하기 어렵다. 그럼에도 불구하고 특정 자연은 단순히 모든 질서의 시작점은 아니다. 그것은 그 자체로 분명한 질서지만, 다음 장에서 분명히 보이듯이 대안이 없는 것은 아니다.

지역적 자연

지역적 자연은 장소의 힘에 관한 것이다. 지역적 자연은 경관에 특색을 부여하는 동식물, 기후, 지질의 특징적인 조합을 말한다. 사막의 오아시스, 열대 우림, 지중해 연안, 스위스 알프스 등이 그 예다. 현대 생태학은 독특한 지역적 자연을 만들기 위해 유기체와 지형이 얽히는 방식을 연구한다. 하지만 이러한 학문이 있기 오래전부터 사람들은 지역적 자연의 질서를 고향의 친숙함 또는 이국의 낯섦으로 인식했다. 고대 이래로 지역적 자연은 지역 문화와 밀접하게 얽인 것으로 간주되었다. 그리스의 역사학자이자 여행가인 헤로도토스가 기원전 4세기에 이집트를 방문했을 때, 그는 고향을 기준으로 이집트

의 자연과 문화가 어떻게 정반대인지를 남쪽에서 북쪽
으로 흐르는 나일강, 역할이 뒤바뀐 남성과 여성을 예로
들며 설명했다. "이집트 사람들이 누리는 기후는 온전히
그들의 것이며 다른 사람들의 것과는 다르고, 그들의 강
[나일강]이 다른 강과는 상당히 다른 성질을 가지는 것
과 마찬가지로, 사실 그들의 습관과 관습 대부분은 다른
민속과는 정반대이다. 이집트 남성은 집안에서 직물을
짜는 반면 여성은 시장과 가게를 운영한다. 여성은 반듯
이 서서 소변을 보지만, 남성은 쪼그려 앉아서 소변을
본다."[1] 지역적 자연은 지역적 문화와 같은 종류의 규칙
성을 보여준다. 정의상 이것들은 일정하지도 않고 보편
적이지도 않지만, 지리적 경계 내에서 예측 가능하다. 범
지구적으로 볼 때 지역적 자연은 들판과 숲, 열대 지방
과 툰드라로 조각보를 만든다. 하지만 각각의 조각 안에
서 주민들은 대부분의 시간 동안 무엇을 기대해야 하는
지 안다. 이것이 인간의 관습과 밀접하게 연계된 자연적
관습의 질서다. 수많은 속담과 시에서 알 수 있듯이, 베
리 공작Duke de Berry의 화려하게 채색된 《풍요로운 시간
들Très Riches Heures》(1412~1416년에 만들어진 교회력에 맞춰
진 기도서) 같은 달력은 계절이 인간 활동의 순환과 서로

얽혀 있다는 것을 보여준다.

비록 지역적 자연과 관습의 상호작용이 시뿐 아니라 지리학과 아날학파 스타일의 역사에서 살아남아 있더라도, 고대부터 계몽주의 시대까지 공통적인 틀 안에서 지역적 자연과 관습을 하나로 묶으려는 관습의 형이상학은 (완전히 사라지지는 않았지만) 수면 밑으로 가라앉았다. 이 교리의 두드러진 특징은 다음과 같다. 첫째, 지역적 자연과 지역 관습의 특이성. 둘째, 둘 사이의 화합. 셋째, 종종 함께 변형되는 양자의 유연성. 넷째, 상호배타적이기보다는 통합적인 상호작용 모델. 이것의 가장 대표적인 텍스트는 편력하는 의사가 다양한 지형과 기후에서 사는 사람들을 어떻게 치료해야 하는지에 대한 조언을 담은, 고대 그리스 히포크라테스의 저서 《공기, 물, 그리고 장소에 관하여On Airs, Waters, and Places》(기원전 5세기)다. 그리고 이것의 가장 잘 알려진 정치적 표현은 사람, 기후, 지형과 법 사이의 조화를 가정한 샤를 루이 드 세콩다 몽테스키외의 계몽주의 저서 《법의 정신De l'esprit des Lois》(1748)이다. 지역적 자연의 발전된 형태는 19세기 방대한 과학 연구 프로그램의 핵심이 되었는데, 이는 자연경관을 "관상"으로 분류한 프로이센의 자연주의

자 알렉산더 폰 훔볼트의《자연의 풍경Ansichten der Natur》
(1807)의 영향을 받은 것이었다.

　《공기, 물, 그리고 장소에 관하여》에서 편력하는 의
사는 전형적인 지역 역병을 진단하고 고치기 위해 각기
다른 장소의 바람, 계절, 별의 양상, 물, 흙, 주민들의 생
활 방식의 영향을 연구하라는 명을 받는다. 한 장소에서
얻은 의학적 지식은 위에서 언급한 중요한 차원들이 서
로 닮지 않는 한 쉽사리 다른 지역으로 일반화되기 어
려웠다. 비록 특정 자연은 공간과 시간을 관통해서 동일
하지만, 그들의 복잡한 조합과 상호 변형은 독특한 지역
형상을 만들어낸다. 예를 들어 "모든 주민과 식물의 본
성에서" 아시아는 유럽과 다른데, "왜냐하면 아시아의
모든 것은 훨씬 더 아름답고 크게 자라기 때문이다. 아
시아는 다른 지역보다 덜 야생적이며, 주민들의 성격은
더 순하고, 더 신사적이다".[2] 헤로도토스도 상이한 지역
들의 자연적 특수성과 그 지역들 사이의, 그리고 지역들
내부의 확실한 보상의 섭리에 관심을 기울인다. 금은 그
리스보다 인도에 더 많겠지만, 그리스는 더 온화한 기후
로 축복받았다. 아라비아에는 독사가 매우 많지만, 짝짓
기 중 암뱀이 수뱀의 머리를 물고, 이에 대한 복수로 암

30

뱀은 그의 자식들로부터 죽임을 당하기에(고대 그리스 비극인《오레스테이아Oresteia》의 뱀 버전), 뱀의 개체 수는 알맞게 유지된다.[3] 히포크라테스 선서는 신이나 섭리를 들먹이지 않지만, 비슷한 보상 또는 보완적인 논리를 몇몇 서술에서 발견할 수 있다. 아시아인과 아시아의 가축은 유럽의 것보다 전형적으로 더 크고 잘생겼지만, 아시아의 이런 조건에서는 용기와 근면함이 번성할 수 없다는 것이 그 예이다.

지역적 자연과 지역적 관습은 맞물려 작동한다. 아시아인들은 기후가 온화하고 한결같은 곳에 살며, 군사적 위험을 감수하거나 열심히 일할 동기를 제공하지 않는 폭군의 지배를 받기 때문에 기백, 끈기, 근면성이 부족하다.[4] 비슷한 논리가 히포크라테스의 롱헤드Longheads 부족에 대한 설명을 지배한다. 롱헤드 부족은 어린아이들의 머리를 붕대와 온갖 종류의 장치로 늘리는데, 그런 두상을 매력적으로 생각하기 때문이다. 이러한 문화는 결국 자연nature에 의해, 즉 자연physis과 관습nomos에 의해 궁극적으로 상호 보완되었다. "원래 관습은 그렇게 작동했고 그 힘으로 자연이 존재하게 되었다. 그러나 시간이 지나면서 이 과정은 자연적인 것이 되었고, 따라서 관습은 더는 강제적으로 행사되지 않았다."[5]

지역적 자연의 개념은 오래됐지만, 17~18세기에 태양계부터 생태계에 이르는 자연 체계의 평형상태를 설명하는 자연사와 자연 신학(이 둘은 종종 밀접히 연관된다)의 정교한 이론에 의해 새로운 추진력을 얻었다. 자연의 총체는 더 통일성 있는 것으로 상상되었는데, 그것은 맞물리는 부분들이 서로 미묘한 평형을 이루는 조화로운 전체였다. 18세기 스웨덴의 박물학자 카롤루스 린나이우스(칼 린네)는 이 체계를 이코노미œconomy라고 불렀는데, 이는 현대 용어로 생태계ecology라는 의미였다.[6] 두 단어는 고대 그리스어인 오이코스oikos(가구家口)에서 유래했는데, 여기서 가구는 노동의 분화와 각각의 요소들 사이의 지속적인 주고받기에 의존하는 자급자족 단위를 말한다. 오이코스의 평형은 줄다리기할 때 팽팽하게 뻗은 밧줄과 같은 긴장을 통해 이루어지기 때문에 역동적이다. 그 조화는 공간과 시간 모두에서 거시적인 수준에서만 나타난다. 한 장소와 순간을 콕 집어 미시적으로 보면, 오이코스의 구성원들(또는 생태계의 유기체들)은 서로 끊임없이 심하게 밀치고 다투면서 서로에게 적응한다. 오이코스 개념은 오늘날 지역 생태학으로 묘사되는 것과 마찬가지로 고대의 것이다. 과학이라는 이름이 존재하기 훨씬 전에, 사람들은 데스밸리든 브라질 열대 우림이든 지중해 해안이든 시베리아 툰드라든, 지역적 자연의 질서, 즉 자연경관에 확연한 인상을 주는 동식물의 조합, 기후와 지질학의 특징적인 조합을 언급했다. 이러한 모든 지역 생태계의 핵심은 각각의 요소가 정교한 평형상태를 이루면서 조화로운 (때로는 불안정한) 전체를 형성한다는 개념이었다.

만약 괴물이 특정 자연의 질서에 대한 원형적인 교란이라면, 지역적 자연에서는 불균형이 괴물과 같은 역할을 한다. 이것은 특히 인간의 활동이 부분적으로 또는 전적으로 자연의 균형을 어지럽힌 데 책임이 있어 보였을 때 그랬고, 지금도 그렇다. 오늘날 재난에 관한 뉴스 기사에서 "복수하는 자연"은 의인화되지도 신격화되지도 않는다. 어머니 자연Mother Nature은 만화에서 희화화될 수 있지만, 이는 허리케인이나 산불의 의도에 대한 진지한 해석을 약화하는 아이러니를 수반하면서 진행된다. 지구를 살아 있는 유기체라 상상하는 가이아 가설의 지지자들조차 지구가 "지각이 있는 식으로 살아 있거나, 심지어 동물이나 박테리아처럼 살아 있는 것은 아니"[7]

라는 점을 재빨리 인정한다. 오히려, 복수심에 불타는 자연은 온도 조절 장치 또는 와트의 증기기관을 통제하는 속도 조절기처럼 자가 조절 시스템이다.[8] 체계가 유기체든 태양계든 기계든, 일반적인 원칙은 같다. 작은 충격이 체계를 평형상태에서 벗어나게 하겠지만, 아주 일시적으로만 그러리라는 것이다. 하지만 만약 체계에 너무 격렬하게 그리고 아주 오랫동안 충격을 가한다면, 그것은 무질서하게 요동칠 것이다. 장기가 망가지고, 위성들은 궤도에서 이탈하고, 기계는 폭발한다. 자연의 복수를 불러일으키는 일반적인 메커니즘은 그저 메커니즘일 뿐이다.

그런데 왜 복수인가? 왜 단지 의도치 않게 야기된 (악의적이지는 않고 단지 부주의한) 불균형이라고 하지 않는가? 어떻게 매개되었든, 왜 죄책감이 자연재해에 대한 우리의 이해를 포화 상태로 채우고 있는가? 자연의 복수는, 비록 아무도 고의로 재앙을 일으키려 하지 않았더라도 인간이 재해에 가담하지 않는 한 절대 일어나지 않는다. 공모자들은 바로 범람지인 부동산을 판매한 탐욕스러운 개발업자들, 둑을 보수하지 않은 게으른 정치인들, 지진 지역에서 건축 법규를 무시한 건설회사를 용인해준 부패한 관리들, 탄소 배출을 줄이는 것을 거절한 제멋대로인 선진국들이다. 2011년 3월 동일본 재해를 다룬 사설에서, "자연의 복수"라는 문구는 사고를 일으킨 지진과 쓰나미가 아닌, 일본 후쿠시마 원전 사고와 거의 전적으로 관련 있다는 듯이 불쑥 나타났다. 지진과 쓰나미가 1000배 더 많은 생명을 앗아갔고, 분명히 더 자연스러움에도 불구하고 말이다. 대혼란을 일으킨 다른 것, 즉 명백한 자연재해가 일으킨 대혼란이 얼마나 참혹한지에 상관없이 오직 인간의 자만심, 탐욕, 나태가 드러날 수 있는 곳에서만 "자연의 복수"는 등장한다.

재해의 자연적 원인에 대한 더 깊은 탐구가 낳은 모순적인 결과는, 자연재해를 범죄 또는 처벌의 서사로 전환하는 인간의 동기를 노출시키는 것이다. 이 서사는 지금까지는 대부분 지역 수준에서 이루어졌지만, 현재의 기후 변화에 대한 논의에서는 범지구적 차원으로 확대되고 있다. 지역적 자연은 괴물이 아닌, 불균형에 의해 뒤죽박죽되어버린다. 요소들의 정교한 균형을 흩트려라. 그러면 모두가 재난으로, 자연의 복수로 위협받을 것이다. 특정 자연의 질서처럼, 지역적 자연의 질서는 히포크라테스 의학부터 현대 GMO에 대한 우려까지 긴 역사를 관통해서 나타난다.

보편적 자연법칙

보편적 자연법칙은 지역적 자연의 관습과 대조적으로 (적어도 인간에 의한) 예외를 인정하지 않는다. 자연법칙은 엄격한 규칙성을 과시하면서, 어디서나 항상 일정하고 불가침한 질서를 규정한다. 특정 자연의 과학이 분류학이고 지역적 자연의 과학이 생태학이라면, 보편적 자연법칙의 과학은 천체역학이다. 천상 세계의 별과 행성의 끊임없는 운행은 변화 없는 변화를 보이는 완전히 규칙적인 세계의 모델이 된다. 옆방에서나 가장 먼 곳에 있는 은하계에서나 동일한 자연법칙이 적용된다. 보편적 자연법칙을 위반하는 것은 기적 또는 순수한 무작위성randomness이다. 보편적 자연법칙 질서의 원형은 아이작 뉴턴의 《자연철학의 수학적 원리Philosophiae Naturalis Principia Mathematica》에서 일반화되어 출범한 만유인력이다. 하지만 특정 자연 및 지역적 자연과 마찬가지로, 보편적 자연법칙 개념은 특히 천문학과 광학 같은 수리과학의 맥락에서 볼 때 뉴턴보다 훨씬 이전의 고대 시기에 그 연원을 둔다. 예를 들어, 세네카는 혜성의 그럴 법한 "법칙"에 호소했고, 플리니우스는 금성과 수성의 최대 이각에 대한 "법칙"을 소환했다.[1] 보편적 결정론의 교리 또한 고대의 혈통을 따르지만, 적어도 라틴계 서양에서 그 혈통은 자연철학보다는 아우구스티누스에서 칼뱅에 이르기까지 논쟁적인 운명론적 교리들을 설파했던 기독교 신학에 더 가깝다. 하지만 17세기까지 법칙law이라는 용어는 자연 전체보다는 특정 규칙(특히 천문학)에 단편적으로 적용되었다. 규칙regulae이나 공리axiomata와 같은 다른 용어들도 최소한 법칙만큼 널리 퍼져 있었다.

아리스토텔레스의 자연철학과 이를 번역한 중세 학자들은 과학scientia이라는 단어가 보편universals에 대한 보편적 지식은 아니지만, 보편에 대한 확실하고 인과적인 지식이라는 명칭을 가질 가치가 있다고 이해했다. 몇몇 규칙은 인과적이지 않더라도 확실할 수 있다. 소위 전근대 천문학, 광학, 화성학harmonics과 같은 응용수학 분야들은 물리적 인과에 대한 언급 없이 천체의 움직임이나 빛의 반사와 굴절에 대한 인상적인 수학적 모델을 제시했다. 다른 분야 중 일부는 개별적인 것들이 너무 많아서 일반화를 용인하기에 어려운 것들이 있다. 개별적인 인체의 다양성을 다뤄야 하는 실용 의학이 이 범주에 속한다. 그리고 다른 현상들은 관찰된 상관관계 이상의 것을 드러내기에는 여전히 너무 드물거나(북극의 오로라나 핏빛 비처럼), 감각을 통해 감지하기가 쉽지 않았다(자석 및 독성의 작용처럼). 중세 스콜라주의 자연철학의 확실성은 그것의 범위를 제한하는 대가로 얻어졌다. 이 자연철학은, 완전히 자연적이라 할지라도 극히 드물게 일어나거나 각각이 다르거나 원인 조사 자체를 방해하는 현상은 제쳐둔 채, 항상 또는 대부분의 시간 동안에 규칙적으로 발생하는 것에 대해서만 설명을 제공했다. 실용 의학 또는 공학과 같은 많은 유용한 지식 분야에서는, 대부분에 적용된 일반화가 있다고 해도 예외가 있을 수 있다는 것을 당연하게 여겼다.

중세와 르네상스 시대에는 이러한 불완전한 규칙성에 대한 표준적인 용어가 없었다. '규칙regulae'과 더불어,

분야와 맥락에 따라 '격언praecepta', '공리axiomata', '경구aphorismi', '관습consuetudines', 그리고 (특히 천문학 및 문법에서) '법칙leges'이라는 단어가 사용될 수 있었다.[2] 용어에 상관없이, 이런 단어가 뜻하지 않았던 것은 현대적 의미에서 어디서나 항상 유효하면서 침범할 수 없고, 변화하지 않는 자연법칙이었다. 대신 자연은 다른 종류, 다른 권한, 다른 엄격함을 가진 규칙성들이 짜깁기된 것으로 이해되었다. 몇몇 규칙들은 수학적이었지만, 이런 수학적 규칙들은 제한된 범주의 현상(빛의 경우처럼 질료보다 형상이 우세하거나, 천체의 에테르처럼 물질이 특수한 경우)에만 적용되었다. 다른 규칙성들은 (불이 어디서나 타는 것처럼) 물질의 특정 자연에서 얻어진 것이었다. 또 다른 규칙성들은 (특정한 모양의 구름이 맑은 날씨를 예고하는 예처럼) 오랜 경험으로부터 축적된 관찰이었다. 자연은 엄격한 법보다는 때때로 예외를 인정하는 관습을 따랐고, 따라서 정확하지는 않지만 질서정연한 것이었다.

자연법칙의 개념(동질성, 보편성, 불가침성)은 17세기 중에 신학, 자연철학, 응용수학이 엉켜 있던 실타래로부터 출현했다.[3] 법칙에 따라 지배되는 자연 개념의 대두에 결정적이었던 것은, 절대 군주가 왕국에 법을 시행하듯 신을 자연에 '법칙'을 시행하는 '신성한 입법자로' 여기는 주의주의적voluntarist 신학이었다. 르네 데카르트, 로버트 보일, 아이작 뉴턴을 포함한 과학혁명의 주요 인물들은 모두 신의 신성한 자유의지의 표현으로서 자연법칙에 대한 이런 관점의 조금씩 다른 판본을 취하고 있었다. 이 법적 은유는 처음에는 그 추종자들 사이에서조차 약간의 혼란을 야기했다. 어떻게 사유하지 않는 물질이 의식적인 동의가 필요한 법률에 순종하는가? 어떻게 위반과 지역적 예외의 악명 높은 대상이 되는 법률의 개념이 언제 어디서나 유효한 신성한 칙령의 의미를 가질 수 있는가? 그리고 어떻게 이러한 불가침한 자연법칙이 성서의 기적에 대한 종교적 교리와 양립할 수 있는가?[4]

위와 같은 어려움에도 불구하고 기계, 특히 시계를 이용한 유추는 보편적이고 불가침적인 자연법칙의 개념을 정립하는 데 중요한 역할을 했다. 모든 자연 현상에 법칙 개념을 도입하는 문제를 숙고했던 17세기 영국의 자연철학자 로버트 보일의 저서는 몇 가지 놀라운 예들을 제시한다. 현상들의 거시적인 성질이 어떻게 가상의 모양, 크기, 그리고 많은 미세한 입자들에 호소하며 설명될 수 있는지에 대한 보일의 예들 대부분은 기원전

1세기 루크레티우스의 《사물의 본성에 관하여De Rerum Natura》라는 에피쿠로스적인 시에서 나왔을 법한 것들이었다(실제로 그런 것도 있다). 예를 들어, 꿀이 끈적거리는 이유는 꿀의 구성 입자들이 가시처럼 생긴 작은 갈고리를 가지고 있기 때문이다. 하지만 기계적 철학을 설명하기 위해 유추와 은유를 찾을 때 보일이 반복적으로 소환한 현대 기계가 하나 있었으니, 바로 시계였다. 그리고 그저 아무 시계가 아니라, 1570~1574년에 수학자 콘라드 다시포디우스Conrad Dasypodius가 이끈 스위스 장인팀이 만들었고, 근대 초기 유럽인들에게 관광명소로 유명했던 스트라스부르 대성당의 천문시계였다(그림3). 이는 당시 가장 화려한 시계였다.[5]

스트라스부르 시계는 천체의 움직임을 따르는 다중 다이얼, 울부짖는 수탉, 여러 음조의 종, 오토마타의 행진 등 정교한 움직임을 갖추고 있었다. 그런데 특히 보일을 매료시킨 부분은 장인이 이 시계에 미래를 삽입한 방식이었다. 일단 한번 작동하면 이 시계는 더 이상 제작자의 개입이 없이도 그저 모든 과정이 펼쳐졌다. 보일은 자연이 바로 이러한, 신에 의해 제작된 엔진이라고 주장했다.

그림 3 스트라스부르 대성당의 천문시계(1570~1574년). ⓒ David Iliff

자연은 모든 것이 너무나도 교묘하게 고안돼 있어서, 한번 엔진이 움직이면 건축가의 첫 설계에 따라 모든 것이 진행되고, 지정된 시간마다 이것 또는 저것을 수행하는 작은 조각상들의 움직임은, 꼭두각시 인형들의 움직임처럼 제작자 간섭 및 제작자가 고용한 지적인 대리인을 요구하지 않고, 전체 조각의 일반적이고 원시적인 장치의 미덕에 따라 특정 시간에 그들의 기능을 수행하는, 스트라스부르에 있는 희귀한 시계와 같다.[6]

심지어 인간 관찰자를 놀라게 한 이례적인 현상, 즉 지진, 화산 폭발, 새 항성들, 아리스토텔레스 자연철학에서 배제된 다른 이상한 것 또한 모두 조물주에 의해 처음부터 예견되었고, 신성한 시계 장치 안에 집어넣어진 것이었다. 보일은 신이 아마도 아주 가끔 기적을 통해 자신의 엔진을 무력화할 수 있다는 것을 인정했지만, 진정한 기적은 물질과 운동의 침범할 수 없는 규칙성을 유예한다는 점에서 미리 설계된 경이로부터 구별될 수 있다고 주장했다.[7] 보일이 자연을 스트라스부르 시계탑에 빗댄 동기는 자연철학적인 만큼이나 신학적이었다. 시계는 아무리 정교하더라도 스스로 움직일 수 없다. 보일은 자연의 의인화를 반대했고, 인간과 천사 이외의 창조물에 지능과 이성을 부여하는 것은 우상숭배의 위험에 빠지는 일이라고 경고했다. 유대인과 이교도 모두 해와 달과 다른 천체를 숭배하는 쪽으로 타락하지 않았는가?[8] 보일이 변칙을 포함한 자연의 총체와 스트라스부르의 천문시계 같은 실제 기계의 '미리 고안된 predesign'(우리는 이것을 "미리 프로그래밍된"이라 부르고 싶을 것이다) 작동을 비유한 데서 우리는 단순히 경험적인 '규칙'보다는 더 근본적인 것으로 이해될 수 있는 불가침적, 동질적, 그리고 보편적인 '자연법칙'의 개념을 포착한다.[9]

보일처럼, 그리고 고트프리트 빌헬름 라이프니츠와는 반대로, 뉴턴은 자연법칙이 신에 의해 시행될 뿐 아니라 중단될 수도 있다고 주장했다. 원칙적으로 기적은 여전히 가능하다. 신의 자유의지는 그 자신이 명한 자연법칙을 포함하여 어떤 제약에도 제한받지 않았다.[10] 하지만 실제로, 이러한 일탈은 극히 드물다. 모든 만일의 사태를 예견한 신이라는 엔지니어는 자연이라는 기계의 작동을 중단할 필요가 없다. 계몽주의 시대 동안, 뉴

Voulez-vous être heureux? écoutez la Nature.

그림 4 피에르 플라톤 블랑샤르Pierre-Platon Blanchard, "행복해지길 원하는가? 자연에 귀 기울여라"《자연의 교리서 또는 자연 종교와 도덕Catéchisme de la nature ou Religion et morale naturelles》(1794년).

턴주의 자연철학과 우주가 언제 어디서나 동일한 보편적 법칙의 지배를 받는다는 뉴턴의 관점은, 인간 영역에 동등한 보편적 법칙을 적용하려 한 철학자와 정치적 개혁가들에게 상상력을 불러일으켰다(그림4). 영국 왕실과 관계를 끊은 미국 식민지 시민의 〈독립선언Declaration of Independence〉(1776)과 프랑스 혁명 국회가 선포한 〈인간과 시민의 권리 선언Déclaration des droits de l'Homme et du citoyen〉(1789) 모두 자연이 보장하고, 그렇기에 보편적이며 양도 불가능한 권리라는 언어를 가져다 썼다. 특정 자연과 지역적 자연의 질서와 마찬가지로, 보편적 자연 법칙의 질서는 국경이나 지역적 통치와는 무관한 보편적인 인간 권리를 위한 운동의 사례에서처럼 오늘날에도 우리가 상상하는 도덕 질서에 여전히 존재한다.

자연법칙의 질서는 온 우주에 명령을 내리거나 (원칙상 가끔은 이를 철회하기도 하는) 완전히 자유로운 신의 의지라는 신학에서 기원했지만, 계몽주의 시대 동안 세속적인 형이상학이 되었다. 이 질서에 처음으로 영감을 준 주의주의 신학의 유일한 흔적은 무질서, 즉 다른 모든 영역을 지배하는 결정론적 법칙에서 해방된 신의 의지나 인간 의지의 행사에만 남아 있다. 신의 의지의 행위는 기적을, 인간 의지의 행위는 도덕적 자유를 낳았다. 이것들이 자연법칙의 온전한 보편적 지배의 유일한 맹점이 되었다.

부자연스러움에
대한 격정

오랜 시기에 걸친 다양한 문화의 발달 과정에서, 각각
의 자연적 질서는 다양한 도덕적 질서를 상상하고 정당
화하는 데 사용됐다. 내가 꼽은 이 질서들의 세 가지 고
유한 특징은, 오래 지속되었고, 다가多價적이며, 훼손되
었을 때 강렬한 감정을 불러일으켰다는 것이다. 이런 감
정은 고유하고 격렬하다. 이 감정은 강한 느낌과 지적인
판단력을 결합한다는 점에서 감정 중에서도 특이하다.
이것이 바로 부자연스러움에 대한 격정passion이다. 세 가
지 자연적 질서는 각각 부자연스러움에 대한 특징적 형
태를 정의하고 배격하기 위해 사용되었다. 그 형태는 특
정 자연의 질서를 훼손하는 괴물, 지역적 자연의 질서

를 뒤집는 불균형, 자연법칙의 질서를 부수는 비결정주의indeterminism다. 이 부자연스러움을 나타내는 것이 각각 공포horror, 두려움terror, 경이로움wonder 같은 특징적인 감정적 반응을 유발한다는 것은 놀라운 사실이다. 이 감정들은 질서를 위반할 때 나타난다. 더 적절하게 얘기해서, 이 감정은 단지 느끼는 것이 아니라 심적인 괴로움 같은 극단적인 상태를 가리키는 격정이다. 예를 들어, 공포와 경이로움은 경험적 상태로서 서로 극단에 떨어져 있는 것처럼 보일지라도, 이 둘은 하나의 격정이 다른 격정으로 넘어가는 이상한 경향에 의해 증명되듯이 깊은 유대로 연결되어 있다. 공포와 두려움은 더 명백하게 서로 관련이 있지만, "자연의 복수"가 자아낸 독특한 두려움 역시 경이로움과의 친연성을 드러낸다. 이 세 종류의 격정들은 그들끼리의 상호관계와 도덕적이고 자연적인 자극을 뭉개는 공유된 경향성이 결합해서 셋잇단음표를 형성한다. 그것들은, 너무 극적이어서 자연마저 흔들릴 정도의 무질서에 대한 객관적 인식의 주관적 측면이다.

경이로움, 공포, 두려움은 단순한 감정이 아닌 진정한 격정이다. '격정passion'(그리스어 pathema, 라틴어 passio

에서 연유했다. 독일어 Leidenschaft도 참조)이라는 단어의
근원적인 의미에 따르면, 격정은 병처럼 앓는 것이다(격
정은 '환자patient'와 어원이 같다). 영혼의 병처럼, 우리를 움
직이기보다는 우리에게 닥쳐온다. 18세기에 신경과 뇌
의 움직임에 의한 것으로 처음 알려진 감정emotion이나
더 섬세한 정서sentiment 및 느낌feeling과 달리 격정은 우
리에게 귀속된 것이 아니다. 거꾸로 우리가 격정에 귀속
된 것이다.

　격정 중 하나를 촉발하는 무질서가 자연적인 것인
지 혹은 도덕적인 것인지를 확인하는 일은, 불가능하지
는 않지만, 종종 매우 어렵다. 예를 들어, 쥐의 몸에서 자
라는 인간의 귀 같은 가짜 이미지처럼 명백히 종을 가로
지르는 괴물에 대한 공포는 자연적 경계를 무단 침입하
는 것에 대한 반응인가, 또는 수간이나 과학적 자만심을
금하는 도덕적 금기를 침해한 것에 대한 반응인가?[1] 홍
수나 눈사태에 의해 촉발된 두려움은 단순히 생명과 재
산이 극도의 위험에 처한 것에 대한 증폭된 두려움인가,
재앙에 대한 모종의 책임감에서 비롯된 죄책감으로 더
깊어진 두려움인가?[2] 기적의 (또는 자유의지의) 경이로움
은 물질적 인과관계의 사슬을 끊어버림으로써 환기되는

그림 5 앙리 프레데릭 쇼팽Henri-Frédéric Schopin, 〈홍해를 가로지르는 아이들Die Kinder Israels überqueren das Rote Meer〉(1855년경). ⓒ Bridgeman Images

가, 아니면 인간이든 신이든 모든 제약에 대한 의도적인 저항의 의지를 주장함으로써 떠올려지는가(그림5)? 양자택일을 하는 방식으로 이런 질문들을 던지는 것조차 무리인듯하다. 도덕적인 것과 자연적인 것의 차이를 뭉개는 것이 격정의 특징이기 때문이다.

자연적 질서의 종류에 따라 다양하게 정의되는 부자연스러움에 대한 주관적인 반응들은 적어도 몇몇 격정에는 일종의 인지적인 요소가 있다는 점을 시사한다. 공포, 두려움, 그리고 경이로움은 (도덕적이든 자연적이든, 또는 둘 다든) 질서의 중대한 파괴가 인식될 때 유발된다. 그것은 "무언가 옳지 않다"라는 구절처럼, 특정한 종류의 질서 정연함이 침해되는 것에 관한 지각과 판단이다. 예를 들어, 제비가 돌아오지 않았거나 올해 장맛비가 매우 늦다는 것을 알아차리기 위해서는 지역 기후와 동식물상에 대해 상당히 많은 것을 알아야 한다. 지식은 명백한 기적을 완벽히 예측 가능한 사건으로 재분류할 수 있다. 토마스 아퀴나스가 주목했듯이, 천문학자들은 문맹인 농민들을 깜짝 놀라게 하는 일식에 경이로워하지 않는다.[3] 하지만 자연법칙에 대한 지식은 일어날 수 있는 예외에 대한 인식을 확장시킬 수 있다는 것도 사실이다. 달의 움직임을 잘 아는 천문학자에게는 설명할 수 없는 달의 흔들림은 아무리 미세하더라도 잠재적인 기적이다. 경이로움, 두려움, 공포는 유일한 인지적 격정[4]은 아니지만(호기심이 또 다른 후보일 수 있다), 가장 강력한 인지적 격정임은 분명하다.

감정적인 질감의 극적인 차이에도 불구하고 경이로움, 두려움, 그리고 공포는 모두 놀라운 불신의 순간을 포함한다. 믿을 수 없어 눈을 비빌 때 느껴지는 격정이다. 즉 "내 눈을 믿을 수 없다"라고 하는 순간이다(그림6). 부

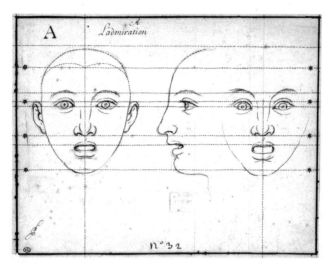

그림 6 샤를 르브룅Charles Le Brun, 〈경이|Wonder〉(1667년). 프랑스 루브르박물관.

당함에 의해 점화되는 분노나 상실에 의해 터져버리는 슬픔처럼 더 친숙한 도덕적 격정과 마찬가지로, 우리를 불시에 덮치는 갑작스럽고 강력한 상태다. 문예학자 필립 피셔Philip Fisher는 이러한 "격렬한 격정들" 그리고 격정들이 그 자신을 불러일으키는 대상을 제외한 모든 것을 집어삼키고, 자아를 순식간에 거대한 돌덩어리로 바꾸어버리면서 우리에게 쏟아져내리는 방식을 훌륭하게 기록했다. "느낌, 애정, 감정과는 달리, 격정은 가장 온전한 것으로 묘사된다. 그들은 안정적인 정신 상태나 상황의 한 부분을 형성하지 않는다. 격정으로 채워진 상태는 다른 모든 형태의 관심이나 존재의 다른 상태를 몰아내는 것처럼 보인다."[5]

부자연스러움에 대한 격정은 피셔가 주목한 갑작스러움과 열정이 가진 성질들을 공유한다. 하지만 그것들은 피셔가 의미한 방식으로 "온전한" 것은 아니다. 즉 그것들의 지속을 위해 "아이러니와 모든 형태의 이중 의식"을 몰아내지는 않는다는 것이다.[6] 의심과("이것이 실제로 일어날 수 있는가?") 의심의 극복("이것은 공포스럽게, 두렵게, 경이롭게 실제로 일어난다!")을 동시에 인식하는 것은 아이러니한 쓴웃음 또는 신중함이라는 냉정한 거리두기 또는 자기 관찰이라는 분열된 의식과는 거의 공통점이 없는 독특한 형태의 이중 의식이다. 격정에 대한 모든 열의와 편집증은 의심하는 자와 믿는 자의 자아 분열이 잠시 하나의 의식 속에 공존하면서 보존된다. 그것은 아무리 순식간이라도, 부자연스러움에 대한 격정을 경험적 지식에 입각한 것으로 바라보는 이중 상태다. 의심은 그것이 실질적으로 지탱하는 질서가 매우 강하기 때문에 강하다. 불신은 무질서에 대한 뒤틀린 보상이다.

이것이 어떻게 가능한가? 어떤 힘이 자연을 뒤죽박죽 뒤틀 만큼 충분히 강력한가? 침해된 자연적 질서의 종류에 따라서 공포, 두려움, 경이는 불가능한 것이 실제로 일어났다는 것을 확인시켜준다. 부자연스러움에 대한 격정은 거의 참을 수 없을 정도의 불협화음을 내며 정신을 뒤흔든다.

부자연스러움에 대한 격정은 엄격하게 도덕적인 질서의 위반, 무엇보다 분노와 분개를 나타내는 격정과 분리되어야 한다. outrage(분개)라는 단어에 있는 'rage(격노)'가 암시하듯, 이 두 반응은 화anger의 근본적인 형태다. 그리고 화는 죄인이 공동체가 존중하는 규범을 위반하는 것에 대한 책임을 질 수 있는 사람이 아닌 경우라면 의미가 없다. 화가 채소밭을 망친 사슴 같은 비인간 행위자를 향할 때, 분노한 피해자는 동물을 악의적 동기가 있는 사람으로 잠시 변형시킨다. 하지만 소위 적절한 분노는 이성적으로 '더 잘 아는 것'을 기대할 수 없는 존재들, 예를 들어 동물, 신생아, 미치광이, 자연으로는 거의 향하지 않는다. 셰익스피어 희곡의 리어왕처럼 하늘을 향해 주먹을 흔들거나 비바람을 욕하는 것은 이성적 행위성과 도덕적 책임감을 신이나 날씨에 돌리는 일이거나, 혹은 미쳤다는 증거를 명백하게 보여주는 일이다. 정원사는 울타리를 더 튼튼하게 만드는 일을 하지, 밭을 망친 사슴에 대고 항의하는 식으로 화풀이를 하지는 않을 것이다. 반대로, 일부 규범을 모욕한 책임질 수 있는 어른들에게는 처벌뿐 아니라 비난이 가해지는 것도 예상할 수 있다. 분노는 좀처럼 자발적으로 침묵하지 않는다. 분노는 단지 행위로 배출되는 것이 아닌 말로 분출되는 것을 요구하는 화의 형태다. 우리는 범법 행위의 중대함에 따라 죄인을 대하며, 그럼으로써 가치와 책임감을 공유하는 공동체로 죄인을 소환한다. 분노의 대상이 뉘우침을 보이지 않는 것, 즉 규범을 위반했다는 정당한 주장을 말과 몸짓으로 인정하지 않는 것은 비난을 배가하는 행위다. 울부짖음과 난폭함에도 불구하고, 분노는 전적으로 공동체의 가치를 부르짖으며 그것의 수치스러운 수용을 강요함으로써 죄인을 공동체로 재통합시키는 것을 목표로 한다.

이와 대조적으로 공포, 두려움, 경이로움은 놀라서 말문이 막혀버리는 격정이다. 우리는 괴물을 야단치거나, 가뭄을 질책하거나, 순전한 무작위성을 나무라려 하지 않는다. 자연적 무질서가 인간의 과실로 서서히 변할 때만 분노는 부자연스러움을 향한 격정으로 이어진다. 만약 괴물이 간통의 결과라고 여겨진다면, 만약 가뭄이 욕심 많은 토지 불법 점유자에 의한 것이라고 여겨진다면, 원인과 결과의 부조화가 신 또는 악마의 개입이라고 여겨진다면, 오직 이런 때만 분노가 분출될 수 있다. 이러한 경우 도덕 질서의 붕괴는 자연적 질서의 붕괴에 연루된 것으로 여겨진다. 하지만 극단적인 경우, 반응들 사이의 구분은 질서들 사이의 구분만큼이나 모호하다. 예를 들어 공포심은 가해자의 맨 인간성(즉 특정 자연)에 의문을 가질 정도의 엄청난 잔학 행위에 의해 유발될 수 있다. 고의로 저지른 악랄한 범죄는 마치 악마가 그저 인간의 경계를 넘은 것을 본 듯이 관찰자가 말을 잃게 할 정도로 매우 큰 분노를 유발할 수 있다. 일부 언어에서는, 고착된 규범을 과시하는 행위들이 단순히 '틀린 것'일 뿐 아니라, '상상할 수 없는' 또는 '믿을 수 없는' 심지어 '불가능한 것'으로 묘사된다. 영어권에서는, 흉악한 행위가 종종 다음과 같은 의문을 떠올리게 한다. '어떤 부류의 사람이 저런 행동을 할 수 있을까?' 이 질문이 암시하는 바는 이런 범죄자는 결코 인간이라고 할 수 없는, 인간성의 경계를 넘은 도덕적 괴물이라는 것이다. 이는 물론 과장된 표현이기도 하다. 이런 흉악한 행위들은 진짜 있을 수 있는 일이며, 이들은 물론 진짜 인간이다. 하지만 이러한 과장법(그리고 그들이 표현하는 감정적 반응들)은 자연적 질서와 도덕적 질서의 위반 사이에서 깊숙하게 느껴지는 연결을 드러낸다. 이는 그것들 사이에서 무엇이 일어났고, 무엇이 일어나야 하는가의 영역을 포괄한다.

부자연스러움에 대한 특징적인 격정을 탐구하는 목적은 두 가지다. 첫째, 그들의 특수성과 강렬함은 이 질서들이 산 사람의 경험에 얼마나 중요한가를 드러낼 뿐만 아니라(너무나도 중요해서 우리는 인지된 무질서에 대한 감정적인 반응을 파악하는 데 특별한 능력을 부여받았다), 격정이 감지하는 다른 종류의 자연적 질서의 경계선을 더 뚜렷하게 한다. 이러한 격정의 존재 자체는 자연을 전형으로 한 질서에 대한 지속적이고 분별력 있는 인간의 관심을 보여주는 증거다. 부자연스러움에 대한 격정과 그들 사이의 상호관계를 탐색함으로써, 우리는 그것이 도덕적이든 자연적이든, 질서 자체에 대해 무언가를 배운다. 공포-두려움-경이로움이라는 세 쌍의 친연관계는 다양한 종류의 질서 사이의 유사한 친연관계를 암시한다.

두 번째로, 부자연스러움에 대한 격정은 일부 근본적인 도덕적 직관의 원천에 관한 통찰을 제공한다. 도덕적 직관은 도덕적 성찰이 하는 일을 대신할 수 없으며, 성찰은 때때로 직관으로부터 흘러나오는 충동을 수정하거나 버린다. 우리의 모든 직관이 엄격한 성찰에서 살아남는 것은 아니며, 최소한 일부 부자연스러움에 대한 격정의 자극을 무시할 수 있는 좋은 이유가 있을 수 있다. 하지만 우리의 직관이 받아들여지거나 거부되기 전에, 직관들은 반드시 먼저 식별되고 분석되어야 한다. 게다가 어떤 종류의 도덕적 직관 없이는 성찰을 풍부하게 하고 의지를 추동하는 것이 매우 어렵다(불가능하지는 않더라도 말이다). 도덕적 감정을 가장 경계하는 철학자 칸트조차 이성 하나로는 의지를 객관적으로 결정하기가 충분치 않을 수 있다고 언급했다. 그들이 해야만 하는 일을 아는 것처럼 행동하도록 사람들을 자극하기 위해서는 어떤 주관적인 성향이 필요하다. 오직 신의 완전히 선한 의지에서만 이성과 성향이 일치할 것이다.[7] 한 발은 감각의 세계에, 한 발은 이성의 세계에 담그고 있는 우리 같은 존재에게는, 의지에 생기를 불어넣는 데(의지를 전적으로 지배하지는 않더라도) 직관이 필요하다. 우리의 도덕적 직관이 옳은 행동을 인도하기에 충분조건은 아니지만 필요조건이기 때문에, 그것의 기원과 힘에 대한 약간의 이해는 성찰에 필수적인 서곡이라고 할 수 있다.

부자연스러움에 대한 격정의 존재는 그 자체로 자연에 예시된 질서에 대한 지속적이고 분별력 있는 인간의 관심을 보여주는 증거다. 하지만, 왜 이러한 질서들이 도덕화되었는가? 왜 이 격정은 규범적인 것과 자연적인 것 사이의 경계에 아주 모호하게 걸쳐 있는가? 규범은 어떻게 일종의 자연적 질서로부터 얻어질 수 있는가?

질서라는 개념

인간의 집단적 상상력을 짓밟은 모든 악몽 중에서 혼돈chaos의 악몽이 가장 무섭다. 인간의 역사는 고문에 사용되던 철제 구속 기구처럼 숨 막히는, 피비린내 나고 독재적이며 인정사정없던 질서로 얼룩져 있다. 그리고 많은 철학자와 과학자들은 자연의 질서가 무정하고, 거침없이 작용하며, 인간의 기쁨과 슬픔에 무관심하다고 판단해왔다. 질서 그 자체도 악몽이 될 수 있다. 하지만 과도한 질서의 공포는 질서가 전혀 없는 것에 대한 공포 앞에서는 무색하다. 끝없는 내전은 가장 억압적인 독재 정권보다 더 큰 재앙이다. 형상이 없고 법도 없는 우주는 모든 우주 생성론의 출발점이다. '우주'라는 이름('우주cosmos'는 질서 잡힌 세상을 의미했다—옮긴이)에 걸맞은 우주를 창조하는 데 필요한 것이 신이든 자연법칙이든 말이다. 약속이 지켜지지 않고, 내일 해가 뜰 수도 있고 안 뜰 수도 있고, 과거가 미래를 안내하지 않는 땅은 사람의 땅이 아니다.

이 악몽 같은 사고실험은 자연의 질서와 인간의 질서를 놀라운 방식으로 섞는다. 그런데 이는 그저 당위와 사실을 혼동한 또 다른 자연주의적 오류의 사례가 아닐까? 비록 자연적 혼란과 사회적 혼란 둘 다 각자 나름대로 끔찍하다는 것에 의문을 가질 사람은 거의 없지만, 사려 깊은 독자는 둘을 동일하다고 보는 것에 의문을 제기할 것이며, 이 혼란들이 소멸시킨다고 하는 자연적 질서와 사회적 질서의 동일성에는 더 큰 의문을 제기할 것이다. 자연과 사회가 서로 다른 영역이라는 것은 현대사상의 출발점이다. 영국의 동물학자 토머스 헨리 헉슬리는 1893년 로마니즈 강연Romanes Lectures에서 다음과 같이 말했다. "마지막으로 말하자면, 사회의 윤리적 진보는 우주의 과정을 모방하는 것이 아니고 그것으로부터 도망치는 것은 더욱 아니며, 그것과 싸우는 데 달려 있다는 것을 이해하자."[1]

이러한 이견들의 위력과 익숙함에도 불구하고, 나는 자연으로부터 얻은 규범에 대한 문제를 다시 던지고자 한다. 나의 주장은 특정 규범의 내용(도둑질 또는 거짓말을 잘못된 것으로 금지하는 예처럼)과 철학자들이 '규범성 normativity'이라고 부르는 더 일반적인 주장 사이의 구분과 관련이 있다.[2] 이는 좀 거칠게 말해서 모든 규범에 힘을 실어주는 정당화에 대한 것이다. 특정한 규범이 문화와 시기에 따라 극적으로 다르다는 것은 악명 높은 사실이다. 이는 인종격리정책apartheid 방식의 인종차별주의에서 녹색당식의 환경주의까지, 정치적 주제 전반에 걸쳐서 자연을 들먹이는 규범에도 유효하다. 하지만 규범 자체는 훨씬 더 균일하고 지속적인 현상이다. 과거든 현재든, 규범이 전혀 없는 문화는 없었다. 규범의 상대성의 증거로 인용되는 규범의 비교문화적 다양성은 규범의 보편성에 대한 증거로서도 동등한 역할을 할 수 있다. 규범 없는 문화는 규칙성 없는 자연만큼 모순적이다. 무질서와 무작위성에 속한 것들은 완전한 혼란과는 거리가 멀다.

규범성은 정신을 멍하게 만들고, 눈을 흐리게 하는 부풀어진 추상적 개념 중 하나다. 하지만 규범성의 의미는 매우 간단하다. 그것은 바로, 사물이 실제로 어떻게 존재하는지를 묘사하는 것과는 대조적으로, 무엇이 되어야 하는지를 말해주는 자질이다. 우리가 어떻게 행동해야만 하는지, 어떻게 알아야만 하는지, 그리고 무엇을 동경해야만 하는지와 같은 '의무들shoulds'을 포함한 '의무should'의 아파트에는 여러 채의 집들이 있다. 이것들은 조금 다르게는 선, 진리, 아름다움이라고 알려진 것들이다. 이 모든 '의무들'이 공통으로 지니는 것은 희망 섞인 반사실적인 기분, 혹은 일종의 가정법적인 동경 비슷한 것이다. 이는 우리가 "반드시 되어야 하는 방식으로 사물들이 존재한다면!"이라고 할 때 느껴지는 것이다. 규범성은 '의무'의 빌라를 덮은 지붕인데, 이는 세상의 상태가 실제로 무엇이라는 것과 무엇이 되어야만 하느냐는 것 사이에 존재하는 공백을 지적으로 인식할 수 있게 해주는, 게다가 이 불일치에 대한 슬픔을 경험하게 해주는 자질이다.

이 슬픔의 강도는 가벼운 것부터 강력한 것까지 이를 수 있고, 야비한 행동에 대한 내면의 한숨부터 불의에 대한 분노의 신호까지 다양할 수 있다. 이러한 반응을 유발하는 것은 정확히 인간 문화와 역사의 다양함만큼 다양하다. 일부 문화에서 노예는 당연했지만, 여성의 드러난 발목은 경악할 만한 것이었다. 다른 문화에서는, 법 앞의 평등은 성스러운 것이지만 극단적인 경제 불평등은 저항 없이 받아들여졌다. 특정 규범의 다양함은 문화가 충돌할 때 서로에 대한 분노로 불타오르는 것으로 악명 높다. 하지만 어떤 일에든 분개와 분노를 전혀 경험하지 않은 인간을 상상하기는 힘들다. 소설에서조차 독자들은 '의무'를 섬기지 않는 악당을 재미있지만 비현실적인 캐릭터로 제쳐놓는다. 우리의 행동은 아닐지라도 우리의 판단에 대한 규범들에 권위를 부여하는 규범성의 근원을 파헤치는 것은 매우 심오한, 아마 바닥이 없는 철학적 문제일 것이다. 이 책의 목적을 위해서는, 인간이 된다는 것은 규범을 인정하며 '의무'의 힘을 이해하고, 존재와 당위 사이의 거리에 칼에 찔린 듯한 아픔을 느끼는 것이라는 경험적 사실을 단지 기록하는 것만으로 충분하다.

여러분은 "좋다, 그렇지만 그저 일부 규범의 존재가 질서, 하물며 자연과 무슨 상관인가?"라고 물을 것이다. 아마 일부 문화적 규범은 로마법의 이상적인 교과서 버전을 모델 삼아 일관된 체계로 표현된 것이라고 할 수 있을 것이다. 하지만 당신은 특정 역사적 상황에서는 대부분의 규범이 천천히 진화하고, 유기적 총체로 합쳐지기보다는 고고학적 유적에 묻힌 유물처럼 겹겹이 쌓인다고 주장할 것이다. 일부 규범은 고대 문화에서 얻어질 수 있고, 또 다른 규범은 새로운 종교와 함께 도입됐을 수 있으며, 나머지 것들은 공동의 숙고와 논쟁을 통한 결과물일 수 있다. 세대와 세기를 넘어, 가장 전통적인 사회조차 오래된 규범을 개정하고 새로운 것을 채택한다. 뻔한 모순점들은 제거될지라도, 이러한 과정의 결과가 정돈된 질서를 낳을 가능성은 매우 희박하다. 그리고 규범들에서 예외적으로 질서가 생겨나면, 이는 입법자, 신학자, 판사, 철학자의 체계적인 노력을 통해서이지, 자연의 개입을 통해서가 아니다. 그러면 왜 질서를 들먹이는가? 왜 자연적 질서까지 소환되는가?

위의 설명은 특정한 규범의 발전에 대한 설득력 있는 설명이지만 보편적인 규범, 즉 규범성을 위한 전제조건을 무시하는 설명이다. 질서라는 밑바탕 없이 규범은 굳건하게 자리잡을 수 없다. 규범에 대한 개념은 반드시 완전한 일률성과 보편성은 아니더라도, 몇몇 일관성과 일반성을 암시한다. 과거의 법과 판례를 현재의 사례에

비추어 해석해야 하는 판사가 특히 잘 알 듯, 규범은 비록 일어나게 될 무수한 특정 상황에 적용되기 위해 상당한 숙고와 독창성을 수반할지라도, 임의로 개정되는 임시적인 규칙이 아니다. 순수하게 사적인 언어가 있을 수 없는 것과 마찬가지 이유로, 순수하게 사적인 규범 역시 있을 수 없다. 규범은 좁게는 하나의 마을에 사는 주민부터, 넓게는 인류 전체일 수도 있는 공동체를 함축한다. 규범은 결코 한 명의 개인과 계약을 맺을 수 없다. 게다가 규범은 어떤 식으로든 과거로, 그리고 더 중요하게는 미래로 뻗어나는 시간적 지평선을 암시한다. 단지 과거와 미래의 방향으로 얼마나 멀리 뻗어 있는지는 글쓰기부터 생명보험에 이르는, 문화적 기술에 의해 연장된 공동체의 기억과 기대의 범위에 달렸다. 하지만 어떠한 규범도 현재라는 지금 이 순간에 국한된 상태로서는 진정한 규범으로 유지될 수 없다. (어떻게 정의되든) 내 동료들을 지탱하는 규범은 나를 지탱할 것이고, 오늘의 규범이 내일도 유지될 것이라는 믿음을 보장하기에 충분한 질서가 반드시 존재해야 한다.

질문으로 돌아가보자. 규범은 질서와, 그리고 더 적게는 자연과 어떤 관계가 있는가? 질서의 최소한의 조건이 만족되지 않는다면, 규범성의 개념은 산산조각이 난다. 이러저러한 특정 규범뿐 아니라, 생각할 수 있는 모든 규범이 말이다. 혼돈의 악몽으로 돌아가보자. 한 상황이 너무나 변덕스럽고 불확실해서 어제 일어난 것이 오늘을 안내할 수 없고, 오늘이 내일을 안내할 수 없다면 약속이나 예측은 유지될 수 없다. 어제 아주 태평하게 걸었던 곳이 오늘은 뛰어서 도망쳐야 할 곳이 된다면, 지금은 나와 친한 이웃이 언제든지 적으로 돌아서고 다시 또 친구가 될 수 있다면, 작물을 유지하는 계절성 비가 내릴 수도 있고 안 내릴 수도 있다면, 그렇다면 아무도, 아무것도 믿을 수 없다. 이는 홉스의 만인의 만인에 대한 투쟁이 관철되는 자연 상태보다 더욱 극단적인 무질서 상태임을 주목하라. 만인에 대한 만인의 투쟁에서조차도 내 사리사욕은 라이벌을 계산 가능한 존재로 만든다. 전략적 군사 훈련은 완강한 적에게도 자기 보호의 이성이 있다고 가정한다. 하지만 자기중심적인 계산에 근거한 훤히 드러난 질서조차 진정한 혼돈에서는 사라진다면? 완전한 불확실성과 같은 상황에서는 호혜와 복수의 가장 잔인한 규범들조차 약화된다. "네가 내 등을 그으면 난 너의 등을 그을 거야" 전략과 "팃포탯tit for tat(눈에는 눈, 이에는 이)" 전략은 일종의 시간적으로 유효한 범위로서, 의도를 추정하는 것이 타당한 미래를 가정한다. 협박조의 '해야 한다should'는 미래 시제 '할 것이다shall'가 의미를 지닌다고 가정한다. 규범성 자체는 어떤 종류의 질서 없이는 견인력이 없다.

규범성과 질서의 관련성은 더 뿌리가 깊다. 몇몇 최소한의 질서가 모든 종류의 규범의 실제적인 전제조건일 뿐 아니라, 규범성 그 자체가 이상적인 질서를 상정한다. 그러한 이상적인 질서를 명백하게 하려면 상당한 성찰의 노력이 따라야 한다. 헤시오도스와 《마누법전Laws of Manu》에서부터 국제연합헌장United Nation Charter과 존 롤스의 《정의론A Theory of Justice》까지 문학, 신학, 철학의 대작은 이웃, 정의, 효, 인간의 존엄성과 같은 특정 규범을 제기하는 질서를 상상했다. 이 질서들은 철저하게 체계적인 것과는 거리가 있다. 이들은 수학적 증명이라기보다는 고딕 성당 또는 현대의 높은 마천루 같은 건축물과 비슷하다. 다양한 요소들이 구조적으로 그리고 양식적으로 결합해서 조화롭되 우연적인 전체를 만드는 건축물 말이다. 게다가 규범의 질서는 그것이 유클리드의 《원론Stoicheia》에서 멀리 떨어져 있듯이, 그저 잡

다한 목록과도 거리가 멀다. 일부 문자로 남아 있는 고대 피타고라스학파의 지켜야 할 사항과 같은 규범의 리스트를 맞닥뜨렸을 때, 혼란스러워진 우리는 겉보기에는 뒤죽박죽인 것을 어떤 질서정연한 것으로 바꿀 수 있는 누락된 결합 조직을 재구성하려고 즉시 노력하기 시작한다. "콩을 먹는 것을 삼가시오"와 "문턱을 밟지 마시오"와 같은 지시들이 서로 무슨 상관이 있는가?[3] 도덕 체계의 각 부분은 서로 어떻게 들어맞고 서로를 지지하는가? 어느 정도의 일관성은 이전에는 상상하지 못했던 진퇴양난의 상황, 예를 들어 새로운 출산 기술의 발전이나 동물 복지의 맥락처럼 새로운 상황에서 도덕적 성찰의 지침을 제공한다는 측면에서 특히 중요하다. 건축적 비유를 반복하자면, 건물의 원래 양식과 구조가 새로운 증축 설계를 이끈다. 규범성은 실용적으로나 이론적으로나 질서를 전제로 한다.

하지만, 왜 자연을 끌어오냐고 물고 늘어질 수 있다. 규범성이 어떤 종류의 질서를 요구한다 하더라도, 인간 사회는 많은 질서를 자발적으로, 창의적으로, 끊임없이 생산해내지 않는가? 인간이 만든 질서들을 자연에 연결시키는 것이 어째서 그 질서들에 하나라도 더 많은 권위와 견고함을 주는가? 왜 인간의 규범은 자연을 반영하려 하는가? 아마도 인간의 본성은, 우리가 살기 위한 집을 짓는 종인 것처럼, 살기 위한 기준이 되는 질서에 대한 창의적인 갈망과 관련이 있을 것이다. 하지만, 왜 자연이 이 활동들과 큰 관련이 있는가? 이건 단지 자연에서 신의 창조와 대리인을 본다는 종교적 논쟁의 잔재일 뿐인가? 그래서 자연의 질서라고 주장되는 권위는 단지 한 발짝 떨어진 신의 권위가 되는 것이 아닌가?

이러한 이견과 의심에는 근거가 없지 않다. 왜 자연적 질서와 도덕적 질서 사이에서 추정되는 유사성이 질서의 숫자를 늘리는 것 외에 다른 어떤 역할을 하는지는 사실 혼란스럽다. 왜 인간에 의해, 인간을 위해 만들어진 인간의 질서라는 하나의 질서만으로는 충분치 않은가? 자연적 질서에 대한 호소는 만약 자연이 그 자체로 신성하거나, 신성한 창조물로 이해되어 신성한 의지를 반영한다면, 철학적으로 더 옹호하는 것까지는 아니더라도 최소한 더 잘 이해할 수 있을 것이다. 이는 창조론의 일부 형태를 받아들이는 유대교, 기독교, 이슬람교 같은 아브라함 일신교뿐 아니라, 많은 종교적 전통에서 발견되는 개념이다.[4] 대조적으로, 아리스토텔레스는 창조되지 않고 끝도 없는 영원한 세상을 믿었다. 하지만 그 또한 "신을 믿는 사람들, 야만인들과 헬레네인들 모두" 완벽하고 변화가 없는 달 궤도 위의 천상계 우주에는 신성한 것이 있다고 생각했음을 언급했다. "이 불멸의 신성은 인간과 밀접하게 연결되어 있다."[5] 하지만 이것들은 모두 논증이 아니라 신념에 호소하는 것이다. 인간의 실천에 대해서 인간의 정당화나, 적어도 인간의 설명을 끝까지 요구한다는 점에서 회의론자들은 옳다.

자연에 의존하는 저 설명은 표현하려 하고, 보이지 않는 것을 보이게 하고, 무형의 생각을 구체화해 유형의 것으로 만들려는, 억누를 수 없는 욕구를 지닌 인간의 특성에 동등하게 근거한다. 철학자 이언 해킹은 이 특성을 철학적 인간학의 기초라고 주장한다. "인간은 표상하는 자이다. 즉 호모 파베르homo faber(공인工人)가 아니라 호모 데픽토르homo depictor(표상가)다. 사람들은 표상을 만든다."[6] 기하학적 도표를 그리고, 그림을 그리고, 조각하고, 우주의 모형을 만들고, 추상적인 것을 의인화하는 상상을 하고, 모든 종류의 상징과 이미지를 만드는 것은 표상하려는 비옥한 성향의 표현들이다. 나는 (과학적 실재론에 대한 논쟁의 맥락에서 발전한) 해킹의 통찰을 지지하며, 이를 자연과 도덕적 질서 사이의 이유 없는 유사성으로 확장시키고자 한다. 인간이 도덕적 질서를 나타내기 위해 자연적 질서를 사용한다는 것은 경험적 사실이다. 심지어 자연적 질서가 그것이 모델로 삼는 도덕적 질서보다 더 큰 권위가 없는 경우에도 그렇게 한다. 또한 예술, 수학, 기술 등의 사례에서 대안적 모델을 찾는 것이 가능한 경우에도 자연에 의지한다. 대체 왜 그런가?

질서의 풍부함

도덕적 질서의 모델을 세우는 데 자연은 다른 후보들보다 최소한 두 가지의 이점이 있다. 첫째, 자연은 어디에나 있고, 항상 볼 수 있고, 이용할 수 있고, 친숙하다. 벌집과 군주국가의 비유나, 황도라는 궤도를 따라 거침없이 행진하는 태양과 재판소의 정의 사이의 그럴듯한 비유를 만들기 위해서는 상당한 독창성이 필요하다. 그렇지만 모델 그 자체(벌집이나 황도를 따라 운동하는 태양)를 만들기 위해 창의적인 노동을 할 필요는 없다. 쓸 만한 모델은 사적으로뿐 아니라 공적으로도 고려될 수 있는 것, 지능뿐 아니라 감각의 대상인 것, 당신의 발을 찍을 수도 있는 날카로운 견고함을 지닌 종류의 것이어야 한다. 사회 질서는 찾는 것도(영국 마거릿 대처 수상이 한때 "사회는 어디 있는가?"라는 악명 높은 질문을 했듯이), 세밀한 연구('보이지 않는 손'이나 '집단의식'에 관한 모든 모호한 논의를 생각해보라)를 하는 것도 어렵기로 악명 높지만, 사회 질서의 모델이 된 자연 질서는 (종종 원인과 구성이 불투명하지만) 암석처럼 분명하다. 이것이 수 세기 동안 벌집과 개미들이 인간 사회의 모델이 된 하나의 이유다(그림7). 더 최근에는 경제학자들이 시장의 수요와 공급을 나타내기 위해서 수압에 의한 물의 흐름에 관심을 가졌다.

두 번째이자 더 중요한 것은, 자연이 모든 질서의 저장소라는 것이다. 자연이 모든 질서의 영감이 되는지는 아직도 미결의 문제지만, 어느 경우에든 자연은 그 가능성이 너무 풍부해서 지금까지 인간의 창의력을 앞질러 왔다. 우리는 결국 수백만의 종 중 하나에 불과하고, 바로크 예술의 다양성을 비교할 때 알 수 있듯이 자연사는 문화인류학을 초라하게 만든다. 게다가 행성의 궤도부터 얼음 결정의 대칭에 이르기까지, 무기물인 자연도 있다. 자연은 인간이 상상한 모든 특정한 것을 실체화하는 매력적인 자원일 정도로 너무나 많은 종류의 질서를 보여준다. 자원은 자연이 신의 칙령이든 숭고한 귀감이든,

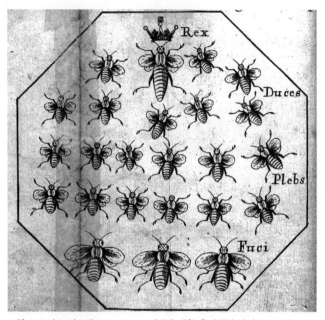

그림 7 모지스 러스덴Moses Rusden, 《벌에 대한 추가적인 발견Further Discovery of Bees》(1679년). ⓒ the Wellcome Collection

인간의 어떤 것보다 엄청나고 거대하고 무한히 강력하고 지속적이고 초인적인 권위로 가득 찼을 때 유혹적인 것이 될 수 있다. 그러한 경우에 자연은 단순한 표상만이 아니라 정당한 이유로서 기능한다.

이 중 어느 것도 자연적 질서가 도덕적 질서를 필연적으로 배가시키지는 않는다. 세포와 태양계뿐 아니라 증기기관, 전화 교환기와 다른 인간의 장치들 또한 모두 한 번 이상 도덕적 질서의 모델이 되었다. 우리는 로버트 보일과 같은 17세기 자연철학자들이 어떻게 자연 그 자체를 모델링하기 위해 시계를 사용했는지 보았다. 또한, 도덕적 질서의 모델로서 자연적 질서에 호소한다고 해서 반드시 후자를 추가적인 권위와 함께 강화시키는 것도 아니다. 한 가지 예로, 모든 전통이 자연과 도덕적 영역 사이에서 뚜렷한 존재론적 차이를 그리지는 않는다. 인류학자 필리프 데스콜라Philippe Descola는 그가 소위 서양 "자연주의자"라고 일컫는 집단들이 우주의 인간적 측면과 비인간적 측면을 과도하게 구분해서 (그리고 몹시 비대칭적으로) 범주화한다고 주장한다는 점에서 역사적·문화적으로 특이하다고 지적한다. 다른 전통들은 (데스콜라가 말하는) 자연주의자가 "의인화된" 혹은 "투영적인"이라고 묘사할 수 있는 방식으로 자연적 질서와 도덕적 질서의 요소들을 자유롭게 섞는다.[1]

심지어 의인화에 대한 비난을 만드는 것은 인간중심주의에 대한 어떤 전념을 포함한다. 오직 인간에 편중된 관점에서 볼 때만 인간을 한쪽으로 놓고, 미생물에서 펄서pulsar까지 다른 모든 것을 반대쪽으로 나눌 수 있다.

(라쿤 같은 다른 종의 관점에서 이런 식의 구분을 상상해보라. 예를 들어, 라쿤과 라쿤이 아닌 것으로 나뉜 우주라는 것이 얼마나 터무니없는지는 명백하다.) 그리고 이러한 구분을 가정할 때만 인간의 작은 영역으로부터 우주의 광활한 영역으로 의인화된 투영을 하는 것이 가능하며, 그것들이 사회 통념에 어긋난다거나 유치하다고 선언하는 것이 가능하다. 다른 문화들, 심지어 그리스-로마 계통에 있던 다른 문화들도 세계를 다르게 나누었다. 예를 들어, 고대 그리스 철학자인 헤라클레이토스가 태양의 정확한 크기를 정의justice의 크기와 결합시켰을 때, 그는 비유적으로 말한 것이 아니었을 것이다. "태양도 그것의 경계를 넘지 않을 것이다. 그렇지 않으면 복수의 여신들인 에리니에스Erinyes가 그를 찾아낼 것이다."[2] 태양의 크기와 인간 정의의 크기는 그들을 연결할 어떠한 비유도 필요 없이 같은 영역에 속해 있었다.

또한 자연과 인간 사이에 선명한 선을 그은 문화가 항상 자연에 더 큰 위엄이나 존엄성을 부여한 것도 아니다. 예를 들어, 초기 현대 유럽에서 인간의 '문명'은 규칙적이고 당연하게 자연의 '야만'과는 반대편에 섰다. 인간의 노동력은 자연을 개선하거나 완벽하게 하는 것으로 여겨졌으며, 광석에서 추출된 은이나 아마포로 짠 린넨과 같이 인공적으로 정제된 원재료가 명백하게 가치가 높듯, 잘 가꿔진 정원은 황무지보다 자명하게 좋은 것으로 여겨졌다. 17세기의 철학자 존 로크에 따르면, 땅을 경작하는 것(또는 경작하지 않고 내버려두는 것)은 재산권을 부여하거나 폐지하는 것의 근거가 될 수 있다며 다음과 같이 썼다. "인간이 가꾸고, 심고, 개간하고, 경작하고, 생산물을 사용할 수 있는 **땅만큼**이 그의 재산이다."[3] 인간의 본성 그 자체는 정원에 비유되었고, 영혼의 경작은 땅의 경작에 비유되었다. 정치인이자 자연철학자인 프랜시스 베이컨은 물을 주는 것과 잡초를 뽑는 것을 양육에 빗대어 다음과 같이 말했다. "인간의 본성은 약초와 잡초 모두 될 수 있다. 그러므로 전자는 계절에 맞게 물을 주고, 후자는 계절에 맞게 솎아내야 한다."[4] 경계심은 문명 상태에서 자연 상태로 미끄러지지 않는 데 필요하다. 17세기 후반의 한 영국인 관찰자는 독일어 Handschuh(장갑. 말 그대로 '손 신발'이라는 뜻)를, 독일인이 최근에서야 동물처럼 네 발로 걷는 것을 포기했다는 증거로 제시했다.[5]

인간으로부터 자연을 범주적으로 구분하지 않거나

구분하는 경우에도, 자연을 더 나쁜 측면이라고 보는 문화조차도 도덕적 질서를 판단하기 위해 자연적 질서의 측면을 이용한다. 아마 다른 육체와 감각을 가지거나, 또는 몸이 전혀 없는 생명체는 아무것도 헤아릴 필요가 없을 것이다. 화성인과 천사에게 질서는 표상 없이 그냥 존재하는 것일 수 있다. 하지만 지각을 가진 우리 종족에게는 문자 그대로 그리고 비유적으로, 질서는 손에 잡혀야 하며 상상되어야 한다. 자연은 풍족하게 이용 가능하고, 풍부하게 다양하며, 모든 의미에서 질서정연하다. 그러므로 자연이 모든 질서의 형상을 만들기 위해 다듬어져야 한다는 것은 그렇게 놀랄 일이 아니다. 자연에 의미를 부여하는 인간의 충동은 질서에 대한 이중적인 통찰에 뿌리를 둔다. 규범성은 질서를 요구하고, 자연은 생각할 수 있는 모든 질서에 대한 예시를 제공한다.

그런데 자연에 너무나 많은 질서가 있긴 하지만, 자연의 질서만으로 인간이 어떤 특정 규범을 따라야 하는지를 지시할 수는 없다. 자연은 어느 모로 보나 문화만큼이나 다양성이 풍부하다. 따라서 자연으로부터 얻은 규범이 인간에 의해 자유롭게 발명된 규범들보다 더욱 설득력 있게 수렴될 것이라는 희망은 환상에 불과하다.

즉 상대주의와 싸우고자 하는 자연주의 전략은 망하게 되어 있다. 인권이라는 자유 민주주의적인 대의에서든, 보수적인 사회 다윈주의의 대의에서든, 인간의 특정 가치를 "자연적"이라고 미화하는 것은 그 가치에 아주 조금의 확실성이나 필연성도 부여하지 않는다. 반대자들은 항상 "어느 자연?"이냐고 반문할 수 있고, 반대 입장을 지지하기 위해 똑같이 자연스러운 다른 질서의 예를 들면서 반격할 수 있다.

그럼에도 불구하고, 자연적 질서의 큰 다양성은 자연적 질서 없이 도덕적 질서를 생각할 수 없는 이유를 제시한다. 자연은 상상 가능한 질서의 창고다. 이것이 바로 '자연'이라는 단어의 정의가 당혹스러울 정도로 풍부한 이유다. 특정 자연(단풍나무의 성질, 도롱뇽의 성질, 소금 결정의 성질)도 있고, 지역적 자연(열대지방과 툰드라, 우거진 계곡과 민둥산의 봉우리)도 있고, 보편적 자연(불은 어디에서든 타고, 절대온도 0도는 아주 먼 우주에서도 절대 0도다)도 있는데, 이들은 의심할 여지 없이 무수히 다양한 자연적 질서 중 단지 세 가지일 뿐이다. 말하자면, '자연'이라는 단어 자체가 본질상 많은 것을 의미한다. 그러므로 어떤 규범이든 자연의 한 가지 측면에서 도출된 것은 다른 규범들과, 비록 모순되지는 않을지라도, 경쟁할 가능성이 더 높다. 존 스튜어트 밀과 같은 비판가들이 분노하며 맞선 것은 자연에서 도출된 규범의 확산이었다. 자연은 절대 하나의 목소리로 말하지 않을 텐데, 그렇다면 왜 귀를 기울이는가?

그러나, 자연의 다양한 목소리가 바로 핵심이다. 자연 속에 명백하고 현란하게 전시되어 있지 않은 질서를 상상하는 것은 어렵고, 아마 불가능할 것이다. 자연은 기분 좋은 역설이며, 모든 가능한 질서의 무질서한 분더카머Wunderkammer(놀라움의 방)다. 현대 박물관의 조상 격인 르네상스 시대의 분더카머는 찬란한 잡동사니들로 관람객을 압도하기 위해 호박 속 날파리, 박제된 악어, 머리가 둘 달린 고양이, 줄무늬가 있는 튤립, 자석, 석화된 나무 등을 바닥부터 천정까지 이어진 진열장에 배치하여 자연의 다산성과 풍부함을 극적으로 보여주었다(그림8).[6] 분더카머는 어디에나 있는 일상적인 것보다는 희귀하고 특이한 것을 체계적으로 선호했지만, 심지어 일상의 자연에도 다양함은 넘쳐난다. 민족지학의 놀라움(그런 것을 생각하다니!)은 자연사의 놀라움(그런 것이 존재한다니!)에 비하면 무색하다. 혁명적이든 반동적이든, 지

그림 8 페란테 임페라토Ferrante Imperato, 〈분더카머Wunderkammer〉. 《자연사 Dell'historia naturale》(1599년).

역적이든 세계적이든, 질서에 대한 인간의 모든 꿈은 가능한 질서에 대한 자연의 분더카머에서 전적으로 구체화되고 선명해지고 매력적이게 된다. 그러나 자연의 엄청난 보상은 분더카머의 그것과는 한 가지 중요한 측면에서 다르다. 심지어 가장 복잡하고 별난 것에서도 자연은 일종의 질서를 보여준다. 분더카머의 목표는 모든 기대를 뛰어넘어 놀라게 하는 것이었다. 반대로, 자연은 모든 기대의 원천이다. 그리고 사실에 입각한 기대가 없다면 명분과 약속의 세계는 모두 허물어진다. 규범성은 마치 자연처럼 유일하고 고유한 질서를 요구하지는 않지만, 어떤 질서를 요구한다.

결론:
현상들을 구하기

인간답게 합리적인 성향은 우리라는 우연한 유기체와 관련이 있다. 우리의 감각들은 사물의 표면만을 이해한다. 심지어 지적인 호기심과 기술적 독창성 덕에 해부학, 기하학, 현미경, 엑스선처럼 표면 아래를 들여다보는 다른 방법들을 갖추었어도, 세계의 내장內臟을 살피는 우리의 방법은 그것들을 더 많은 표면으로 바꾸는 일이다. 만약 어떤 기적에 의해 누메나noumena, 즉 물자체가 우리에게 드러난다면, 우리는 그것들을 오직 현상, 겉모습appearance으로서 파악할 뿐이다. 운이 좋게도 우리 감각 체계의 특이성은 소립자에서 먼 별, 뇌파에 이르기까지, 공통 감각으로 접근할 수 없는 영역에 대한 철학적·

과학적 물음을 막지 않았다. 하지만 이러한 연구에서도 이제는 대부분 디지털화된 정보를 겉모습, 특히 (전파망원경, 거품 상자, 자기공명 스캔, 감각이 닿을 수 없는 곳까지 관통하도록 설계된 수많은 다른 장치들로부터 나온) 이미지들로 바꾸려는 경향이 강했다 (그림9). 플라톤이 《국가》에서 그의 독자들을 겉으로 보이는 것에 대한 중독에서 벗어나게 하려고 했을 때, 그의 주장을 가능케 하는 유일한 방법은 더 많은 겉모습에 대한 신화를 만들어내는 것이었다. 동굴 속 그림자들은 햇볕이 내리쬐는 외부에서 같은 모습을 띠는 존재들에 의해서 드리워진 것들이다. 우리와 같은 존재에게, 저 바닥까지도 모두 겉모습일 뿐이다.[1]

우리는 겉모습을 받아들이는 것에 만족하지 않고, 그것을 만들고 싶어한다. 우리에게 아주 실제적이려면, 무언가가 반드시 나타나야 한다. 이 당위성은 인간이 칠하고, 만들고, 짜고, 다듬은 공예품뿐 아니라 인간에 의해 고안된 매우 실제적인 도덕적 질서도 관통하고 있다. 어떻게 도덕적 질서를 나타나게 하는가? 원칙적으로, 자연적이거나 인공적인 표면이 이런 역할을 할 수 있을 것이다. 그리고 손으로 만질 수도 있고 시각적 느낌을 감지할 수도 있는 두 종류의 모델이 있는데, 바로 이상적

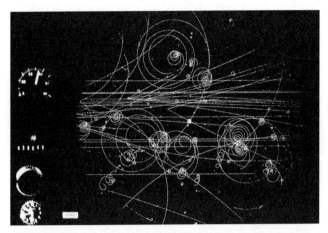

그림 9 거품 상자 안 소립자의 궤도. 유럽입자물리학연구소, CERN-EX-11465-1 (1960~2017년).

인 사회를 벌집이나 시계와 같은 모델에 빗대는 것이다. 하지만 실제에서는 자연적인 겉모습이 순수한 다양성, 내구성 그리고 불가피성에 의해 우리의 경험에 영향을 미친다. 자연이 그토록 풍부하고 끊임없이 보여주는 겉모습도 대부분의 사물보다 더 명백하고, 더 신뢰할 만하고, 더 영구적인 방식으로 질서정연하다. 질서가 될 수 있는 것에 대한 우리의 가장 견고한 직관에서 여전히 일부를 형성하는 것은, 전자현미경과 사이클로트론에 의해 드러나는 자연의 깊은 곳이 아닌, 하루도 빠짐

없이 일어나는 경험의 자연스러운 겉모습이다. 그리고 혼돈을 막을 방어벽과 같은 질서를 소환하지 않는 도덕은 없다. 인간이 도덕 질서를 깨닫고자 할 때 자연적 현상phenomena('겉모습'이라는 단어의 근본적 의미)이 가장 비근한 물질적 비유를 제공하는 것은 이 때문이다. 이것이 "말씀이 육신이 되셨다"는 성경의 육화肉化 신화의 깊은 인간학적 진실이다.

우리는 마침내 진정으로 비인간적인 이성적 존재를 상상하는 우리 능력의 한계에 대한 칸트의 비난조 발언으로 돌아갈 자리에 있다. 우리의 편협성에 대한 칸트의 아이러니는 종교의 편협성을 조롱한 콜로폰의 크세노파네스Xenophanes of Colophon(기원전 570?~475?)의 조소를 상기시킨다. "에티오피아인들은 그들의 신이 들창코에 흑인이라 말하고, 트라키아인들은 그들의 신이 파란 눈에 빨간 머리라고 말한다. 하지만 만약 소, 말, 사자에게 손이 있어서 그 손으로 그림을 그릴 수 있고 인간이 할 수 있는 일을 한다면, 말은 말의 형상을 한 신을 그릴 것이고, 소는 소와 같은 신을 그릴 것이다. 즉 그들은 신의 육체를 그들 각각이 가진 육체를 모방해서 만들 것이다."[2] 회의론자들은 그들의 논점을 강조하기 위해 위 구절을 인용할 것이다. 모든 규범을 향한 자연적 질서에 대한 호소가 우리와 같은 존재에게는 근절할 수 없는 측면, 즉 철학적 의미에서 우리 인류의 진정한 특징이라고 해도, 이는 후회할 일이 아닌가? 규범을 향한 우리의 자연적 질서에 대한 호소가 보편화됨으로써 조금이라도 덜 비합리적이게 (심지어 덜 위험하게) 되었는가? 이 질문에서 대부분의 절박함은 기초적인 자연의 규범이 생각지도 못한 보수주의로 이끌 수 있다는 이해할 만한 두려움에서 온다. 만약 규범이 자연으로부터 오고, 자연은 불변한다면, 규범 또한 그렇다. 나는 여전히 자연주의적 오류가 그렇게 불려야 한다고 주장하는 회의론자들에게 세 가지 답변을 결론 삼아 제시할 것이다.

1. 자연화naturalization는 사실 비평가들이 두려워하는 것보다는 약한 전략이다. 모든 규범을 지지하는(또는 전복시키는) 수많은 자연적 질서가 있기 때문이다.

첫째, 특정 규범들의 집합을 정당화하기 위해 이런저런 자연적 질서를 사용하는 것에서 모든 규범의 모음을 정당화하기 위해 특정 유형의 자연적 질서를 사용하는 것으로의 이동은 철학자들이 자연주의 오류의 특정 사례라고 반대해왔던 정치적 신랄함의 상당 부분을 무력화한다. 규범의 기초가 되는 자연의 유일한 질서가 없다는 것을 깨닫고 나면, 그러한 호소의 힘은 극적으로 약해진다. 나는 내가 가장 좋아하는 규범을 뒷받침하기 위해 자연사의 어떤 예를 생각해낼 수 있고, 당신은 매우 다른 규범을 지지하는 똑같이 자연스러운 은유로서 다른 많은 것을 생각해낼 수 있다. 벌의 모계제 대 개코원숭이의 가부장제가 그 예이다. 논쟁의 당사자 모두가 자연을 휘두를 수 있기에, 자연은 정치적 논쟁에서 더는 강력한 무기가 아니다.

2. 자연에 대한 호소는 근본적으로 자연 질서와 규범성 그 자체의 연관성에 관한 것이지, 어떤 특정한 자연 질서와 어떤 특정한 집합 또는 규범 사이의 연관성에 관한 것이 아니다.

이것이 내 두 번째 답변으로 인도한다. 도덕 질서에 대한 환상을 뒷받침하기 위해 자연 질서에 호소하는 움직임은 근본적으로 질서와 규범성 그 자체의 연관성에 대한 것이지, 어떤 특정한 질서와 어떤 특정한 규범들의 연관성에 대한 것이 아니다. 다시 한번 말하자면, 자연에 대한 호소를 오류로 만드는 것은 질서로 추정되는 것이 아니라 독특함으로 추정되는 것이다. 나는 질서와 규범성의 연관성이 필요하다고 주장해왔다. **자연적 질서와 규범성의 연결은 우연적이지만, 그것은 대부분 인간이 구축한 후기 현대 사회에서도 유난히 강하고 끈기 있게 유지되었다.** 자연적 질서가 항상은 아니지만 때때로 도덕적 질서를 나타낼 뿐만 아니라 정당화할 수 있는 자원을 제공하는 이유는 더 깊이 질문할 가치가 있다. 이미 언급한 종교적이고 형이상학적인 전통 외에도, 자연의 순수한 규모와 내구성이 대부분의 인류사에서 가장 인상적인 유물의 규모와 내구성을 훌쩍 능가한다는 것은 주지의 사실이다. 자연의 질서는 사실상 인간의 질서에 비해 더 질서정연하며, 이는 왜 자연의 질서가 인간의 질서를 뒷받침하기 위해 소환되었으며 그 반대는 아닌지에 대한 단서를 제공할 수 있다. 다만 유전공학과 인간이 유발한 기후 변화의 시대에 이러한 힘의 불균형은 반대 방향으로 전환될 수도 있을 것이다.

3. 인간의 몸에 딸린 이성이 우리가 가진 유일한 이성
   이다.

세 번째이자 마지막으로, 원칙적으로 얻을 수 없는
것을 갈망하는 것은 무의미하다. 인간의 육체에 있는 이
성은 우리가 가진 유일한 이성이다. 내가 주장했듯이, 인
간 감각기관의 특이성은 우리의 인지, 사회부터 디지털
데이터에 이르기까지 모든 것을, 벌집의 형태나 멀리 떨
어진 은하의 이미지 같은 외관으로 나타내려는 우리의
욕구를 깊은 수준에서 형성하였다. 더 완벽하다고 추정
되는 다른 유형의 이성에 대한 철학자들의 갈망은 공개
적으로든 은밀하게든 신학에 얽매여 있다. 크세노파네
스의 신랄한 발언과 같은 초기 사례처럼, 의인화와 우상
숭배에 대한 죄책감이 종교의 맥락에서 처음 발생한 것
은 우연이 아니다. 그들은 인간과 신의 혼합을 조롱하
고 검열한다. 과학에서 신인동형론에 대한 최초의 금기
는 17세기 프랜시스 베이컨과 르네 데카르트를 비롯한
다른 사람들의 작품에서 훨씬 늦게 등장했다. 그러나 그
들 또한 우리 자신보다 더 완벽한, 몸과 감각이 전혀 다
르거나 신체와 감각이 전혀 없는 천사나 신과 같은 지성

적 존재에 대한 꿈과 우상숭배의 은유를 반복적으로 되풀이했다. 인식론은 여전히 칸트의 불가사의한 비인간적인 이성적 존재나 화성인 또는 다른 가능한 세계의 거주자들에 대한 천사학의 사고실험을 마음껏 펼친다. 신학은 인식론을 계속 따라다니며, 우리 종족의 한계를 벗어나는 이성의 형태에 대한 결코 실현될 수 없는 욕망을 충족시킨다. 칸트는 그 한계를 초월하려는 이성의 야망에 대해 경고한 것으로 유명하다. 만약 우리가 구체적으로 인간 이성의 능력을 탐구한다면, 우리는 글자 그대로는 아닐지라도 정신적으로라도 칸트를 따를 수 있다.

로레인 대스턴과
《도덕을 왜
자연에서 찾는가?》

이 책《도덕을 왜 자연에서 찾는가?》를 쓴 로레인 대스턴은 토머스 쿤 이후의 과학사학계를 이끌어온 과학사가 중 한 명이다. 과학사학계 내에서 그녀는 새로운 연구 분야를 개척하고, 세밀한 연구를 통해 근대 과학의 흥미로운 속성들을 파헤친 학자로 높게 평가되고 있다. 그렇지만 이런 높은 평가에 비해 대스턴의 연구는 국내에 거의 알려지지 않았다. 본 해설에서는 대스턴의 주요 연구를 간단히 소개하고, 이 책의 내용과 주장을 요약할 것이다.

확률, 도박, 보험

대스턴은 1988년에 출판된 《계몽사조 시기의 고전 확률론Classical Probability in the Enlightenment》으로 학계에 널리 알려지게 되었다.[1] 여기서 '고전'이란 현대 확률론이 태동하고 발전하던 1840년대 이전의 초기 시기를 의미한다. 대스턴은 이 책에서 고전 시기의 확률론이 단지 수학을 확률 현상에 적용한 것 이상의 의미가 있음을 드러낸다. 당시 확률은 상식이나 좋은 감각을 수학적으로 표현하는 것이었고, 삶의 다양한 측면을 정량적으로 다루려는 시도를 의미했다. 천연두 백신 접종의 효과, 사법 정의를 구현하기 위한 배심원제의 개혁, 신의 지혜와 기적 불가능성의 양립 문제 같은 무수한 문제들을 모두 확률의 수학을 사용한 해법을 통해 해결하고자 했다. 당시 확률론은 수학적 엄밀성보다 현실과 더 잘 맞는 것을 추구하는 경향을 보였다는 것이 대스턴의 주장이다.

《계몽사조 시기의 고전 확률론》에 등장하는 흥미로운 사례는 상트페테르부르크의 역설St. Petersburg paradox이다. 도박장에서 동전을 던져 뒷면이 나오면 계속 던지고, n번째에 처음 앞면이 나오면 게임이 종료되면서 도박장이 참가자에게 2^n원의 상금을 지급한다고 가정해보자.

첫 번째에 앞면이 나오면 참가자는 2원을 받고, 처음에
는 뒷면이 나오고 두 번째 던지기에서 앞면이 나오면 참
가자는 4원을 받는 식이다. 9번 연속으로 뒷면이 나오다
가 10번째에 앞면이 나오면 2^{10}원, 즉 1,024원을 받는다.
그런데 도박의 참가비는 무려 100만 원이다. 이 경우 동
전 던지기를 하기 위해 100만 원을 낼 사람은 아무도 없
을 것이다.

그렇지만 이 게임에서 얼마를 딸 수 있는지 그 기댓
값(E)을 구해보면,

$$\frac{1}{2} \cdot 2 + \frac{1}{4} \cdot 4 + \frac{1}{8} \cdot 8 + \cdots = 1 + 1 + 1 + \cdots$$
$$= \sum_{n=1}^{\infty} \left(\frac{1}{2}\right)^n \cdot 2^n$$
$$= \infty$$

무한대가 나온다. 참가자는 무한대의 돈을 딸 수 있기에,
수학적으로 참가자가 100만 원이 아니라, 10억 원을 내
고 도박에 참여해도 (기댓값이 무한대이기 때문에) 이득이
라는 얘기다. 그렇지만 현실에서 이런 내기에 단돈 1만
원을 내고 참여하라고 해도 이에 응할 사람은 아무도
없다.

이 역설은 니콜라우스 베르누이 1세가 제기했고 그의 사촌인 수학자 다니엘 베르누이에 의해서 널리 알려졌다. 당대의 내로라하는 수학자들이 이 역설을 해결하는 해법을 제시했다. 대스턴은 이 논쟁을 자세하게 추적하는데, 다니엘 베르누이는 '도덕적 기대치'가 부의 총량에 대한 비례 함수가 아니라 로그 함수로 증가한다는 설명을 제시했고, 프랑스 수학자인 달랑베르는 1만 분의 1 이하의 확률은 실제로 0이라고 볼 수 있기에, 이 게임의 기대치는 무한대가 될 수 없다고 주장했다. 이렇게 당시 확률론을 발전시킨 선구자들에게 수학과 상식은 대치될 때가 있었다.

이 책에서 대스턴이 보인 또 다른 흥미로운 사례는 도박과 보험에 대한 것이다. 18세기 전반기에도 생명보험이나 해상보험 같은 사업은 호황을 누렸지만, 여기에 수학을 적용하려는 시도는 극히 드물었다. 사용할 수 있는 수학이 없어서가 아니라, 이런 보험이 일종의 도박, 즉 보험사가 보험을 든 사람의 생명을 걸고 하는 도박 비슷한 것이라고 간주되었기 때문이다. 도박에서 판돈을 걸 때 확률 계산을 하지 않는 것처럼, 보험도 수학보다는 직관을 택했다. 그런데 1762년에 "생명보험을 위한 공정협회Equitable Society for the Assurance of Lives"같은 단체가 만들어지고, 보험이 보험회사의 도박이 아니라 신흥 중산층의 책임 있는 행위라는 새로운 덕성virtue이 널리 퍼지면서, 보험에 수학이 적용되기 시작했다. 보험은 도박과 분리되면서 수학의 대상이 되었던 것이다.

경이와 괴물

1980~1990년대에 과학사학계에서는 '사실'이라는 개념의 역사에 대한 연구가 불붙었다. 이 계기는 1985년에 출판된 스티븐 셰이핀Steven Shapin과 사이먼 섀퍼Simon Schaffer의 《리바이어던과 공기펌프Leviathan and the Air-Pump》였다.[2] 이 책에서 이들은 17세기 근대 화학의 선구자였던 로버트 보일이 진공펌프를 사용해서 얻어낸 여러 가지 새로운 현상들이 '사실이라는 것matter of fact'으로 받아들여지는 과정을 분석했다. 이들의 분석에 따르면 '사실'이라는 것은 왕정 복고 이후에 안정을 바라는 자연철학자, 신학자, 법률가들이 합의를 통해 얻어낸 것이었다. 즉 사실이라는 개념 자체가 특정한 사회문화적 맥락 속에서 탄생해서 수용되었으며, 이런 의미에서 역사성을 가지고 있음이 드러났다.

1991년에 대스턴은 '사실'이라는 개념을 분석한 연구를 발표했는데, 그녀의 관심은 셰이핀과 섀퍼와 달리 실험실에서 기구를 사용해 만들어진 사실이 아니라, 초자연적이라고 간주한 현상이 어떻게 과학적 사실의 범주에 포함되었는가라는 것이었다.[3] 중세 신학자 토마스 아퀴나스는 자연현상을 자연적인natural 것, 비자연적인preternatural 것, 그리고 초자연적인supernatural 것으로 나누었다. 비자연적인 현상은 매우 드물게 나타나는 현상이지만, 신이 창조한 자연에서 만들어질 수 있는 현상이었다. 반면에 기적과 같은 초자연적인 현상은 자연의 현상이 아니라 신의 의지와 메시지가 담긴 것이었다. 그런데 중세 철학을 지배한 아리스토텔레스의 자연철학은 비자연적인 현상과 초자연적인 현상 모두를 배제했다. 아리스토텔레스에 의하면 자연에 고유하게 개별적으로 존재하는 것은 철학의 대상이 될 수 없었는데, 철학은 항상 일어나는, 자연의 보편적 현상을 대상으로 했기 때문이었다. 개별적으로 존재하는 사안들은 역사의 대상이었고, 자연의 경우 이런 역사는 자연사natural history라는 범주로 묶였다. 반면에 아리스토텔레스를 비판한 프랜시스 베이컨 같은 근대 과학자는 비자연적인 현상이나 심지어 초자연적인 현상 모두 자연철학의 보편적인 원리로 설명할 수 있다고 주장하면서, 이런 현상들을 사실의 영역에 포함하려고 했다. 이런 자연화 과정이 진행되면서 괴물, 경이로운 존재들, 기적이라고 여겨진 현상들은 점차 '사실'의 범주에 포함되었고, 특히 기적은 신의 의도에 대한 증거라는 지위를 잃어버렸다는 것이다.

비자연적, 초자연적인 현상에 대한 대스턴의 분석은 이후 더 확장되어서 캐서린 파크Katherine Park와 함께 저술한 《경이와 자연의 질서, 1150~1750 Wonders and the Order of Nature, 1150-1750》이라는 단행본으로 출판되었다.[4] 이 책에서 대스턴과 파크는 중세와 르네상스 시기에 신의 계시라고 받아들여진 경이와 괴물이 18세기 이후 서서히 배제되는 과정을 분석했다. 이들이 분석한 대상은 중세부터 18세기에 이르는, 몇백 년 동안의 사상적 변화였다.

근대적 세계관과 달리 중세 기독교는 머리가 두 개 달린 동물 같은 경이로운 현상들이 창조의 변방에서 일어날 수 있는 일이라고 생각했고, 괴물 같은 아이의 출생은 신이 무엇인가를 말하려는 징후라고 해석했다. 르네상스 시기에 등장한 분더카머는 이런 놀라운 동식물을 모아 사람들이 구경하게끔 만든 전시장이었다. 유럽에서는 볼 수 없는 악어 같은 신기한 동물들, 머리가 두 개 달린 짐승을 전시한 이런 공간은 당시 귀족은 물론 서민들에게까지도 화제의 대상이 되곤 했다.

그렇지만 세상을 물질과 운동으로만 이해하는 근대 기계적 철학이나 베이컨의 실험과학 프로그램에 이런 경이와 기적이 차지할 위치는 거의 없었다. 따라서 이런 현상들 중 일부는 과학에 포함되었고, 나머지는 17~18세기를 거치면서 과학의 당당한 대상에서 과학의 변방으로 밀려났다. 대스턴과 파크는 이런 과정을 근대적인 합리성이 미신을 누르고 승리를 쟁취하는 과정으로 단순하게 해석할 수 없다고 주장한다. 과거에는 거부감 없이 받아들여진 것이 배제되게 된 데는 사회문화적인 요소가 있다는 것이다. 이들은 17세기 철학자나 과학자처럼 새롭게 부상한 신흥 엘리트들이 경이로운 대상이나 기적에 관한 관심을 저속한 서민들이나 가지는 취향이라고 배격했다는 점을 강조한다. 이성이 승리해서가 아니라, 이런 사회문화적인 변화가 경이나 기적을 자연철학의 영역에서 저속한 취향의 영역으로 강등시켰고, 그럼으로써 이성이 부상할 틈새를 만들었다는 것이다. 이렇게 과학(자연철학)에서 등장한 커다란 변화와 그 시기의 사회문화적 변동의 연관을 추적하고 드러내는 대스턴의 연구는 과학의 의미와 그 문화적 맥락을 강조하는 새로운 과학사학의 모델 연구가 되었다.

과학의 객관성

대스턴의 연구는 우리가 당연한 것으로 받아들이는 과학의 범주가 역사성을 가짐을 보이는 것이 많았다. 18세기의 확률과 통계가 그랬고, 과학에서 제외된 기적과 괴물도 한때는 자연철학의 괜찮은 주제였다. 대스턴이 야심 차게 연구한 주제는 '객관성'이었다. 그녀는 개개인의 관점이나 주관을 제거한 뒤에 남은 대상에 대한 지식을 객관적이라고 간주한 것이 역사성을 가지고 있다고 주장했다. 자연에 대한 지식은 객관적이고, 연구자의 감정, 경험 등은 주관적이라는 식으로 객관성과 주관성이 구분되기 시작한 것은 새뮤얼 콜리지Samuel Coleridge 같은 19세기 철학자에 의해서라는 것이었다. 우리는 과학의 객관성이 과학의 불변하는 특성이라고 생각하지만, 대스턴에 의하면 이렇게 생각한 것은 상대적으로 최근에 이르러서였다.[5]

대스턴은 물리학사를 주로 연구하는 피터 갤리슨

과 공동 연구를 해서 이 주제를 통시적으로 분석·정리한 긴 논문을 출판했고,[6] 이를 확장해서 2007년에 《객관성Objectivity》이라는 책을 출간했다.[7] 이들은 이 책에서 생물학, 뇌과학, 사진술의 발명, 20세기 입자물리학 등의 여러 과학 분야를 추적해서 18세기에서 20세기에 이르는 객관성의 역사를 분석했다. 18세기 과학자들은 '자연에 충실한 것truth-to-nature'을 가장 중요한 가치로 삼았는데, 19세기에 들어 점점 더 많은 과학 분야에서 이질적인 과학자들이 배출되면서 '기계적 객관성mechanical objectivity'이라는 새로운 형태의 객관성의 이상이 등장했다. 기계적 객관성은 과학자가 자신 특유의 개인적인 성향과 주관을 전적으로 배제하고, 마치 기계와 같이 일정하고 규칙적인 방식으로 연구를 하는 것을 의미했다. 이런 기계적 객관성의 등장은 과학자가 화가와 협업해 자연을 정확하게 묘사하는 18세기 전통이 새롭게 등장한 카메라를 이용한 사진술로 대체되면서 더 강화되었다. 기계적 객관성은 과학 연구에서 과학자의 개인적인 흔적을 모두 지우는 객관성이었다. 이렇게 해서 객관성은 주관성의 반대가 되었다.

대스턴과 갤리슨은 과학자가 자연을 가장 잘 나타내

는 표본을 신중하게 선택하던 원래의 전통과 기계적 객관성의 충돌을 분석한다. 이런 충돌이 필연적이었던 이유는 전자에서는 과학자 개개인의 역할이 핵심적이었고, 후자에서는 스스로 말하는 자연이 진리를 드러내는 존재였기 때문이다. 이런 충돌과 갈등은 19세기 말부터 20세기에 걸쳐 등장한 "훈련받은 판단"이라는 새로운 이상에 의해서 변증법적으로 지양되었는데, 이는 기계적 객관성의 전통과 자연의 패턴을 해석하고 여기서 공통점과 차이점을 찾아낼 수 있는 훈련된 감각을 통합하는 것이었다. 뇌파검사기(EEG)를 사용해서 얻은 뇌파의 시그널에서 뇌 병변을 찾아내는 것은 자연에 충실한 것도 아니고, 기계적 객관성도 아니었다. 이런 판단은 과학자의 "훈련받은 판단"이었고, 여기에는 자연에 충실한 18세기부터의 전통과 기계적 객관성이라는 19세기의 전통 둘이 융합되어 있었다는 것이 이들의 해석이다.

우리는 객관적이라는 과학의 속성이 고대부터 지금까지 불변의 속성이었던 것처럼 생각한다. 대스턴과 갤리슨은 이런 속성이 특정한 사회문화적 환경에서 특정한 물질문화material culture의 영향 아래 생긴 것이라고 주장했다. 과학만이 아니라, 객관성 같은 과학의 본질적인 속성도 역사를 통해 여러 차례의 변화를 겪은 것이다. 이는 과학이 과학자라는 사람의 활동 결과이고, 과학자의 활동은 사회문화적·물질적 맥락 속에서 일어나는 것이기 때문이다.

《도덕을 왜 자연에서 찾는가?》의 배경

사람들은 일상적으로 자연을 소환한다. "개미처럼 일해야지 베짱이처럼 놀면 안 돼." "꿀벌처럼 협력해야 해." "여자가 포클레인을 모는 건 자연스러운 일이 아니야." "동성혼은 자연의 섭리에 어긋나는 것이지." "자연의 법칙에 따르면 생명체는 근본적으로 이기적이야." "폭군이라도 왕을 쫓아내는 것은 천리에 어긋나는 일이야." "이번 여름의 홍수는 환경 파괴를 저지른 인간에 대해 자연이 복수한 것이 분명해." 이런 말들을 쉽게 들을 수 있다.

자연에 빗댄 규범적인 이야기를 들으면 그 타당성에 사람들은 압도당한다. 자연의 법칙은 마치 신의 섭리처럼 들린다. 자연이 그렇게 작동한다면 우리는 그것을 반드시 지켜야만 할 것처럼 느껴진다. 본성은 자연이 우리에게 각인된 것이라 여겨진다. 실제로 영어에서는 본성과 자연 모두 "nature"라는 하나의 단어가 표상한다. 우리의 본성은 자연적으로 형성된 것이고, 이를 어기는 것은 부자연스러움의 영역, 즉 건전하지 못한 영역으로 발을 들여놓는 것처럼 느껴진다. 그중에는 무해한 것도 있지만, 억압이나 폭력을 자연의 이름으로 정당화하는 것들도 있다.

대스턴의 《도덕을 왜 자연에서 찾는가?》(2019)는 자연으로부터 도덕이나 법의 기초를 끌어내리던 많은 시도를 비판한 책이다. 대스턴이 이런 생각을 한 단초는 1992년에 쓴 〈자연화된 여성의 지성The Naturalized Female Intellect〉이라는 논문에서 찾을 수 있다.[8] 대스턴에 의하면 고대부터 현대까지 수많은 철학자와 과학자는 여성의 열등성을 정당화하기 위해서 자연을 소환했다. 아리스토텔레스는 자연이 남녀의 차이를 보이는 식으로 생명체를 만들었다고 하면서, 남자와 비교해 여자가 더 감정적이고, 더 눈물이 많고, 더 질투가 심하고, 더 다투기 좋아하고, 더 잔소리가 심하고, 사람을 때리기 좋아한다고 했다. 자신이 생각하는 여성의 변덕스러운 품성을 정당화하기 위해서 아리스토텔레스는 자연에 의존했다. 18세기 유럽에서는 자연법칙에 의존해서 주부와 어머니로서 여성의 역할을 정당화하는 것이 일반적이었다. 루소는 사람이 똑바로 걸으려면 자연의 법칙을 따라야 하듯이, 자연은 여성이 남성의 평가를 달게 받을 수밖에 없는 존재로 만들었다고 강조했다. 이렇게 여성의 지성을 폄하하기 위해서 자연을 사용하는 널리 퍼져 있던 사례들을 보면서, 대스턴은 '자연화'에 대해서 비판적인 시각을 갖게 된 것으로 보인다.

베를린에 있는 막스플랑크 과학사연구소의 소장으로 지내면서 대스턴은 이 문제의식을 확장했다. 그녀는 우선 그곳에서 1995~1998년 동안 '자연법과 자연의 법칙Natural Law and Laws of Nature' 연구그룹을 운영했다. 자연법은 다수의 문명에서 공통으로 등장하는 사상으로, 모든 인간에게 동등하게 부여된 권리나 정의를 의미하며, 기독교 유럽에서는 자연법을 신이 인간에게 부여한 것으로 생각했다. 실정법은 국가가 정한 법인데, 이 둘이 잘 맞지 않을 때는 자연법의 원칙에 따라 실정법을 개선해야 했다. 반면에 자연법칙은 행성이나 포탄 같은 지상계의 물체가 따라야 하는 법칙을 의미한다. 굴절의 법칙, 운동의 법칙, 보일의 법칙, 만유인력의 법칙 등이 자연법칙이다. 그런데 이 둘은 매우 다른 것처럼 보이지만,

역사를 통해 병렬적으로 발전했고 밀접하게 상호작용을 했다. 대스턴은 이 둘 모두 질서를 찾으려 하고, 맨 꼭대기에 신을 위치시키고, 이성을 통해 발견될 수 있다고 여겨지는 공통점이 있으며 둘 사이에 자연법칙에서 자연법을 끌어내는 인과성이라는 특징이 존재한다는 것을 보였다.[9]

그다음에 대스턴은 1999~2005년까지 '자연의 도덕적 권위'에 대한 프로젝트를 수행해서 자연이 인간사에 대해 권위를 갖는 사례들을 모아 분석했다. 이렇게 해서 출판된 《자연의 도덕적 권위The Moral Authority of Nature》(2004)에는 지역별로는 유럽, 미국, 일본, 중국의 사례들, 시기별로는 고대, 중세, 근대, 계몽사조와 19~20세기, 분야별로는 자연철학, 경제학, 생태학, 생물학, 물리학의 사례에 관한 연구를 모았다.[10] 이 수많은 사례가 보여주는 것은 특정 시기와 지역의 사람들이 바람직하다고 생각하는 사회적 규범이나 개인적 품성을 자연에 투영하고, 그렇게 해서 발견한 자연을 다시 인간사회로 가지고 오는, 일종의 트릭을 통해 자연의 도덕적 권위, 즉 자연화의 권위가 만들어진다는 것이었다. 그래서 자연은 사실이자 당위를 동시에 가지고 있는 단어가 되는데, 이런 두 뜻의 혼재는 아주 오래된 산스크리트어에서 자연을 뜻하는 단어 'dharma'에서도 발견된다. 책은 고대부터 현대까지, 자연은 주로 무엇이 그렇게 될 수밖에 없는 필연성을 보여줄 때 소환되었음을 흥미롭게 펼쳐보인다.

마지막으로 대스턴은 〈자연주의적 오류는 근대적이다The Naturalistic Fallacy Is Modern〉(2014)라는 논문에서 자연을 특정 자연, 지역적 자연, 그리고 자연법칙의 세 가지로 나누었다.[11] 특정 자연은 '개는 충실한 동물이다'라고 할 때 연상되는 자연이며, 지역적 자연은 한 지역의 생태계를 다른 지역의 생태계와 구별해주는 자연이다. 마지막으로 자연법칙은 보편적이고 신성해서 손상될 수 없는 규칙이다. 대스턴은 특히 18세기 계몽사상가들이 실험을 통해 자연법칙을 이해하듯이, 인간사회와 정치를 관통하는 법칙을 알아내면 세상을 더 안정적이고 바람직하게 다스릴 수 있다고 생각했다는 점에 주목했다. 프랑스 혁명을 주도했던 사람들은 세상의 문제와 정부의 부패가 인민의 자연적 권리를 무시했기 때문이라고 강조했다. 그렇지만 19세기가 되면 자연의 법칙은 세상의 무질서와 심지어 디스토피아를 낳은 것으로 해석되기 시작했는데, 잘 알려진 것이 맬서스의 생존경쟁의 법칙이다. 대스턴은 이런 상반된 사례에서 보듯이 자연의 법칙으로부터 서로 극단적으로 다른 규범이 얻어질 수 있고, 따라서 자연의 사실로부터 당위를 끌어내는 시도는 모두 오류를 포함한 것임을 주장했다. 철학자 무어G.E. Moore가 1903년에 지적했듯이, 어떤 것의 자연적 성질로부터 그것이 좋다는 결론을 내리는 것은 항상 자연주의적 오류를 범하는 것이다.

이렇게 1990년대 후반부터 2010년대까지 대스턴은 주로 막스플랑크 연구소의 자원과 연구 인력을 활용해서 자연법칙, 자연화, 자연의 도덕적 권위 같은 주제에 관해서 광범위한 연구 프로젝트를 진행하고 책과 논문을 출판했다. 이때 얻은 지식과 통찰력의 결정체가 2019년에 출판된 《도덕을 왜 자연에서 찾는가?》이다. 이 책의 원서는 주머니에 쏙 들어갈 만한 판형으로 78쪽밖에 되지 않는 가벼운 책이지만, 깊이가 얕은 것은 결코 아니다. 대스턴이 20여 년 가까이 연구한 여러 주제에 대한 논의를 압축적으로 담아냈기 때문이다.

이 책 《도덕을 왜 자연에서 찾는가?》

대스턴의 《도덕을 왜 자연에서 찾는가?》의 원제 'Against Nature'는 과학철학자 파울 파이어아벤트Paul Feyerabend의 고전 《방법에 반하여Against Method》를 떠올리게 한다. 표면적으로 이 두 책에 공통점은 없다. 파이어아벤트는 과학에서 하나의 '과학적 방법론'을 찾으려는 시도를 비판했지만, 대스턴은 자연의 질서로부터 도덕적 질서나 사회적 질서의 모델을 찾으려는 시도의 역사를 비판적으로 검토하고 있기 때문이다. 그러나 조금 다른 각도에서 살펴보면, 이 두 책에는 공통점도 있다. 파이어아벤트가 방법론을 비판한 것은, 자연에 대한 이해가 하나의 과학적 방법이 아니라 수많은 방법을 통해 이루어질 수 있기 때문이었다. 비슷한 시각에서, 대스턴이 자연으로부터 도덕적 규범을 가져오는 것을 비판한 근거는 자연이 너무 다양해서 '코에 걸면 코걸이 귀에 걸면 귀걸이' 식으로 해석될 수 있다는 이유 때문이다.

《도덕을 왜 자연에서 찾는가?》는 서론 격인 1장과 본문을 구성하는 6개의 장, 결론, 이렇게 총 8개의 장으로 이루어져 있다. 이 글은 책의 형태로 출판되었지만, 그 분량은 긴 논문 정도다. 그렇지만 책에 담겨 있는 내용이나 주장의 폭은 절대 소략하지 않다. 책에는 독창적이면서 철학적으로 깊이 있는 논의가 압축적으로 담겨 있기 때문이다.

1장에서는 대스턴이 이 책을 통해 풀려고 하는 문제를 제기한다. 그 문제는 서로 다른 시기에 서로 다른 문화에 살았던 사람들이 왜 자연으로부터 도덕적 규범을 이끌어내려고 했느냐는 것이다. 우리는 꿀벌처럼 일해야 하고, 개미처럼 협동해야 한다고 한다. 짐승만도 못한 사람이라는 얘기도 자주 듣는다. 지도자는 태양과 같은 존재라는 얘기도 낯설지 않다. 동양에서는 과거에 남자와 여자를 하늘과 땅에 비유하기도 했다. 사람들은 대체 왜 도덕적·사회적 질서를 정당화하기 위해 자연에 의존하는가? 이것이 대스턴이 해결하고자 한 질문이다.

책은 이 문제를 풀기 위해 '대체 자연이란 무엇인가?'라는 문제로 넘어간다. 대스턴은 도덕적 규범을 끌어내는 자연에 세 가지 유형이 있다고 보는데, 이는 각각 특정 자연, 지역적 자연, 그리고 보편적 자연법칙이다. 이 각각은 2장, 3장, 4장의 주제다. 특정 자연은 '뱀의 본성은 무는 것이다' '물은 높은 곳에서 낮은 곳으로 흐른다'라고 할 때 우리가 마음속에 그리는 자연이다. 이는

nature의 또 다른 의미인 '본성'이라는 뜻과 바로 연결되는 자연이다. 지역적 자연은 한 지역의 생태계에서 볼 수 있는 자연이다. 우리가 '섬사람들은 육지 사람들과 기질이 다르다'라고 할 때 떠올리는 자연이다. 마지막으로 보편적 자연법칙은 태양계의 운동을 지배하는 뉴턴의 법칙처럼 온 우주에서 일정하며 불변하는 법칙을 의미한다. 사람들은 이러한 세 가지 유형의 자연에서 인간이 지켜야 할 도덕적 규범을 끌어낸다는 것이 대스턴의 주장이다.

이런 자연이 어긋났을 때, 즉 부자연스러운 일이 발생했을 때 사람들은 공포, 두려움, 경이로움 같은 특징적인 감정을 느낀다. 대스턴은 5장에서 이런 감정이 그저 단순한 느낌이 아니라 거의 고통과 흡사한 어떤 것을 수반하는 격정이라고 분류한다. 사람들은 질서가 어긋나는 것에 격한 반응을 보이는데, 이 때문에 자연과 도덕이 직접적으로 관련이 없음에도 불구하고 자연에서 끌어낸 도덕적 질서나 규범이 강력한 힘을 갖는 것이다.

6장은 서론에서 제기한 질문에 대한 답변의 실마리가 주어지는 장이다. 대스턴은 여기서 인간이 규범성이라고 부르는 것은 일종의 질서order를 전제로 하고 있으며, 질서에 의존하고 있음을 보인다. 타인의 행동을 예측할 수 있고 기대할 수 있는 질서나 일관성이 없이는 도덕이나 법이 있을 수 없다. 그런데 이 질서가 가장 잘 찾아지는 곳이 바로 자연이다. 인간은 세상을 이해하고 표상하려는 존재이기 때문에 자연에서 이런 질서를 찾아서 표상하는데, 이것이 질서에 바탕을 둔 도덕적 규범의 근거로 이용될 충분한 근거를 가진다.

그런데, 질서가 중요하다고 해도, 왜 굳이 자연에 의존해야 하는가? 왜 질서를 사회나 문화에서 찾지 않는가? 이 질문에 대한 답이 마지막 장인 7장에서 나온다. 대스턴은 인간이 만든 어떤 것보다 자연이 다양하기에, 우리가 원하는 종류의 모든 질서를 자연에서 찾을 수 있다는 사실을 지적한다. 자연은 인간이 만든 인공물이나 문화의 다양성에 비해서 몇십, 아니 몇백 곱절 더 다양하다. 따라서 사람들은 자신이 원하는 규범을 지지하는 질서를 자연에서 어렵지 않게 발견할 수 있다. 자연과 도덕의 본질은 무척 다르지만, 이런 이유로 사람들은 규범을 논할 때 자연에 의지한다.

바로 이 점 때문에 사람들은 자연을 찾지만, 또 이런 도덕의 자연화naturalization는 강한 설득력을 갖지 못한다.

그 이유는 자연으로부터 찾은 도덕적 규범과 정반대되는 다른 규범 역시 자연으로부터 발견할 수 있기 때문이다. 대스턴은 규범이 자연이나 신이 아니라, 인간의 몸에 기반한 이성에서 출발해야 함을 제안하면서 책의 결론을 맺는다.

독자들은 이 책을 읽으면서 고대부터 현대까지 수많은 문명에서 자연을 어떻게 파악하고 표상했는지를 보여주는 풍부한 사례들을 접할 수 있을 것이다. 또 자연으로부터 규범을 끌어냈던 많은 사례와 이런 규범의 타당성에 대해서 성찰적으로 생각해볼 기회를 얻게 될 것이다. 이런 성찰은 인간이 유발한 자연의 위기가 점점 더 심각해지는 지금 이런 위기를 해결할 수 있는 세계관을 정립하는 데 도움을 줄 수도 있다. 이 책은 과학사나 과학철학을 전공하는 사람만이 아니라, 과학과 자연에 애정을 가진 일반 독자들의 호기심을 충족해주기에도 충분할 것이다. 이 책의 출간을 기회로 걸출한 과학사학자 로레인 대스턴의 다른 책들도 번역되어 소개되기를 희망한다.[12]

주

1장

1   Immanuel Kant, *Anthropology from a Pragmatic Point of View*(1798), trans. and ed. Robert B. Louden(Cambridge: Cambridge University Press, 2006), I.30, 65.

2   칸트는 (확률에 의한 믿음의 힘을 어떻게 재느냐는 맥락에서) 다른 행성에서의 생명체의 존재에 그가 가진 모든 것을 기꺼이 걸겠다고 쓴 적이 있다. "어떤 경험적 수단으로든 이 문제를 해결하는 것이 가능하다면, 우리가 보는 행성들 중 최소한 한 곳에서는 생명체가 살고 있다는 주장에 나의 모든 것을 걸겠다. 그러므로 나는 다른 세계에도 생명체가 살고 있다는 것이 단지 의견이 아니라, 이것이 옳다는 데 큰 판돈을 걸 준비가 된 강한 믿음이라고 말한다." Immanuel Kant, *Critique of Pure Reason*, trans. Norman Kemp Smith(New York: St. Martin's Press, 1965), A825/B823, 648.

3   예를 들어, William Cronon, ed., *Uncommon Ground: Rethinking the Human Place in Nature*(New York: Norton, 1996); Mikulás Teich, Roy Porter, and Bo Gustafsson, eds., *Nature and Society in Historical Context*(Cambridge: Cambridge University Press, 1997);

Lorraine Daston and Fernando Vidal, eds., *The Moral Authority of Nature*(Chicago: University of Chicago Press, 2004)를 보라. 더 기본적인 것은 Clarence J. Glacken, *Traces on the Rhodian Shore: Nature and Culture in Western Thought from Ancient Times to the End of the Eighteenth Century*(Berkeley: University of California Press, 1967)를 보라.

4   영국의 철학자 G. E. 무어는 윤리의 맥락에서 이 용어를 처음 만들었다: G. E. Moore, *Principia Ethica*(1903: Cambridge: Cambridge University Press, 1976), 37 – 58. 이때부터 이 용어가 참조되는 범위는 인간의 가치에 대한 표준으로서 자연에 대한 어떤 호소라도 포함하도록 확장되어왔다. Lorraine Daston, "The Naturalistic Fallacy Is Modern," *Isis* 105(2014): 579 – 587.

5   Friedrich Engels to Pjotr Lawrowitsch Lawrow, November12 – 17, 1875, in Karl Marx and Friedrich Engels, *Werke*(Berlin: Dietz Verlag, 1966), vol. 34, 170.

6   John Stuart Mill, "Nature," in Three Essays of Religion(1874) in Mill, *Essays on Ethics, Religion and Society*, ed. J. M. Robson (London: Routledge, 1996), 373 – 402, on 386.

2장

1   예를 들어 Arthur O. Lovejoy, "'Nature' as Aesthetic Norm," in Lovejoy, *Essays in the History of Ideas*(Baltimore: Johns Hopkins University Press, 1948), 69 – 77; Raymond Williams, *Keywords: A Vocabulary of Culture and Society*, rev. ed.(New York: Oxford University Press, 1985), 219 – 224를 보라.

2   Harald Patzer, "Physis. Grundlegung zu einer Geschichte des Wortes," *Sitzungsberichte der wissenschaftlichen Gesellschaft an der Johann Wolfgang Goethe-Universität Frankfurt am Main* 30(1993): 217 – 280; R. G. Collingwood, *The Idea of Nature* (Oxford: Oxford University Press, 1960), 43 – 44; William Arthur Heidel, "Peri Physeos: A Study of the Conception of Nature among the Pre-Socratics," *Proceedings of the American Academy of Arts and Sciences* 45(1910): 79-133, esp. 97-99.

3   the entries "Nature" in the *Oxford English Dictionary*, "Natur" in Grimms Wörterbuch, and "Nature" in *Le Robert: Dictionnaire historique de la langue française*.

4   Wendy Doniger O'Flaherty, *The Origins of Evil in Hindu Mythology* (Berkeley: University of California Press, 1976), 94-95.

5   Scott Atran and Doug Medin, *The Native Mind and the Cultural Construction of Nature* (Cambridge, MA: MIT Press, 2008), 20-21.

6   Aristotle, *Parts of Animals*, trans. A. L. Peck, Loeb ed. (Cambridge, MA: Harvard University Press, 1998), I.i, 641b25-32, 73.

7   Aristotle, *The Physics*, trans. Philip H. Wicksteed and Francis M. Cornford, Loeb ed. (Cambridge, MA: Harvard University Press, 1980), II.i, 193b9-10, 115.

8   Aristotle, *Politics*, trans. H. Rackham, Loeb ed. (Cambridge, MA: Harvard University Press, 1990), I.iii.23, 1258b6-8, 51.

9   Aristotle, *Generation of Animals*, trans. A. L. Peck, Loeb ed. (Cambridge, MA: Harvard University Press, 1963), IV.iii, 767b9-10, 401.

10   Arnold I. Davidson, "The Horror of Monsters," in *The Boundaries of Humanity: Humans, Animals, Machines*, ed. James J. Sheehan and Morton Sosna (Berkeley: University of California Press, 1991), 16-67. 아리스토텔레스는 종간 교배의 경우 크기와 임신 기간이 비슷할 때만 번식을 할 수 있다고 믿었고, 몇 가지 예를 제시했다. Aristotle, *Generation of Animals*, II.vii, 746a27-746b6, 243-245.

11   Aristotle, *The Physics*, II.viii, 199b27-29, 179.

12   Immanuel Kant, *Critique of Pure Reason* (1781, 1787), trans. Norman Kemp Smith (New York: St. Martin's Press, 1965), A100-101, 132. 칸트는 특정 자연이 없는 세계에 대한 이 사고실험에 기초해 상상력의 초월적 능력의 필요성을 주장했다.

3장

1   Herodotus, *The History*, trans. David Grene(Chicago: University of Chicago Press, 1987), II.35－36, 145－146.

2   *Airs Waters Places*, in *Hippocrates*, trans. W. H. S. Jones, Loeb edition, 2 vols.(1923: Cambridge, MA: Harvard University Press, 1995), vol. 1, 70－137, on 105－107.

3   Herodotus, *The History*, III.106－109, 257－258.

4   *Airs Waters Places*, 115.

5   *Airs Waters Places*, 111.

6   Carolus Linnaeus, *Oeconomia naturae*(Uppsala: Isaac Biberg, 1749). 린네의 "자연의 경제"에 관한 평판은 Donald Wooster, *Nature's Economy: A History of Ecological Ideas*(1977: Cambridge: Cambridge University Press, 1985), 31－49를 보라.

7   James Lovelock, *The Revenge of Gaia: Why the Earth Is Fighting Back—and How We Can Still Save Humanity*(London: Penguin, 2006), 16.

8   Lovelock, *Revenge of Gaia*, 26－37.

4장

1   Seneca, *Naturales quaestiones*, trans. Thomas H. Corcoran(Cambridge, MA: Harvard University Press, 1971), 2 vols., vol. 2, 276－281, VII.25: Brad Inwood, *Reading Seneca: Stoic Philosophy in Rome*(Oxford: Oxford University Press, 2005), 232. 고대 철학에서 더 일반적인 자연의 법칙에 관해서는 Daryn Lehoux, "Laws of Nature and Natural Laws," *Studies in History and Philosophy of Science Part A* 37(2006): 527－549를 보라.

2   Ian Maclean, "Expressing Nature's Regularities and their Determinations in the Late Renaissance," in *Natural Laws and Laws of Nature in Early Modern Europe: Jurisprudence, Theology, Moral and Natural Philosophy*, ed. Lorraine Daston and Michael Stolleis(Farnham: Ashgate, 2008), 29－44: Jane Ruby,

"The Origins of Scientific Law," *Journal of the History of Ideas* 47(1986): 341–359.

3   Daston and Stolleis, eds., *Natural Laws and Laws of Nature in Early Modern Europe*, 추가로 John Milton, "The Origin and Development of the Concept of the 'Laws of Nature,'" *Archives Européennes de Sociologie* 22(1981): 173–195; John Henry, "Metaphysics and the Origins of Modern Science: Descartes and the Importance of Laws of Nature," *Early Science and Medicine* 9(2004): 73–114; Sophie Roux, "Les lois de la nature à l'âge classique: La question terminologique," *Revue de Synthèse* 4(2001): 531–576; and Friedrich Steinle, "The Amalgamation of a Concept: Laws of Nature in the New Sciences," in *Laws of Nature: Essays on the Philosophical, Scientific, and Historical Dimensions*, ed. Friedel Weinert(Berlin: Walter De Gruyter, 1995), 316–368를 보라.

4   Catherine Wilson, Ian Maclean, Gerd Graßhof, Sophie Roux, Jean Armogathe, and Friedrich Steinle, in Daston and Stolleis, eds., *Natural Laws and Laws of Nature in Early Modern Europe*.

5   Walter Cahn, *Masterpieces: Chapters on the History of an Idea* (Princeton: Princeton University Press, 1979), 90–91.

6   Robert Boyle, *A Free Inquiry into the Vulgarly Received Notion of Nature*(ca. 1666), in *The Works of the Honourable Robert Boyle*(1772), ed. Thomas Birch, 6 vols.(Hildesheim: Georg Olms, 1966), vol. 5, 158–254, on 164.

7   Boyle, *Free Inquiry*, 163.

8   Boyle, *Free Inquiry*, 188. 우상숭배의 문제는 보일의 *Free Inquiry* 라틴어 버전에 답신을 쓴 라이프니츠도 동요시켰다: Catherine Wilson, "De ipsa natura: Leibniz on Substance, Force, and Activity," *Studia Leibnitiana* 19(1987): 148–172, 그리고 더 나아가 초기 현대 자연철학에서 우상숭배 논쟁은 Martin Mulsow, "Idolatry and Science: Against Nature Worship from Boyle to

Rüdiger, 1680 – 1720," *Journal of the History of Ideas* 67(2006): 697 – 711를 보라.

9   17세기 자연철학에서 법칙과 규칙이라는 용어 사이의 변화하는 관계에 대해서는 Friedrich Steinle, "From Principles to Regularities: Tracing 'Laws of Nature' in Early Modern France and England," in Daston and Stolleis, eds., *Natural Laws and Laws of Nature in Early Modern Europe*, 215 – 232를 보라.

10   H. G. Alexander, ed., *The Leibniz – Clarke Correspondence*(New York: Manchester University Press, 1998).

5장

1   예를 들어 "Should We Allow Research on Human-Animal Embryos?" *Guardian*, January 12, 2009에 쓰인 시위자들의 사진을 보라.

2   예를 들어 "Nature's Revenge," New York Times, August 30, 2005, apropos of Hurricane Katrina, 또는 "Mother Nature's Revenge against Human Development," *Independent*, October 24, 2007, apropos of California wildfires를 보라.

3   Thomas Aquinas, *Summa contra gentiles*, trans. Vernon J. Bourke, 3 vols.(Notre Dame: University of Notre Dame Press, 1975), 3.101.2, vol. 3, pt. 2, 82.

4   Lorraine Daston and Katharine Park, *Wonders and the Order of Nature*, 1150 – 1750(New York: Zone Books, 1998), 303 – 328.

5   Philip Fisher, *The Vehement Passions*(Princeton: Princeton University Press, 2002), 43.

6   Fisher, *Vehement Passions*, 44.

7   Immanuel Kant, *Grundlegung zur Metaphysik der Sitten*(1785), ed. Theodor Valentiner(Stuttgart: Reclam, 2000), 58.

6장

1 Thomas Henry Huxley, "Evolution and Ethics," *Evolution and Ethics and Other Essays*(London: Macmillan, 1894), 46–116, on 83.

2 Christine M. Korsgaard, *The Sources of Normativity*, ed. Onora O'Neill(Cambridge: Cambridge University Press, 1996).

3 G. S. Kirk and J. E. Raven, *The Presocratic Philosophers. A Critical History with a Selection of Texts*(Cambridge: Cambridge University Press, 1969), 225–227.

4 고대 그리스 로마뿐 아니라 아브라함 계통 종교의 자연의 역할에 대해서는 Rémi Brague, *La Sagesse du monde*(Paris: Fayard, 1999)를 보라.

5 Aristotle, *On the Heavens*, trans. W. K. C. Guthrie(Cambridge, MA: Harvard University Press, 1971), I.iii, 270b1–12, 24–25. 헤라클레이토스 224절: "고대인들은 유일한 불멸의 장소로서 하늘과 그 위쪽을 신들에게 할당하였다." (translation from Kirk and Raven, *Presocratic Philosophers*, 200).

6 Ian Hacking, *Representing and Intervening: Introductory Topics in the Philosophy of Natural Science*(Cambridge: Cambridge University Press, 1983), 132.

7장

1 Philippe Descola, *Par-delà de la nature*(Paris: Gallimard, 2005), 101–107.

2 Heraclitus, *fragment* 229, as translated in G. S. Kirk and J. E. Raven, *The Presocratic Philosophers: A Critical History with a Selection of Texts*(Cambridge: Cambridge University Press, 1969), 203. 측정의 중요성에 관한 고대 그리스 사상은 Laura M. Slatkin, "Measuring Authority, Authoritative Measures: Hesiod's Works and Days," in *The Moral Authority of Nature*, ed. Lorraine Daston and Fernando Vidal(Chicago: University of Chicago Press, 2004),

25 – 49를 보라.

3 John Locke, *Second Treatise of Government*(1690), ed. C. B. Macpherson(Indianapolis: Hackett, 1980), 5.25, 21.

4 Francis Bacon, "Of Nature in Men," *Essays Civil and Moral*, in *Works*, in *Lord Bacon's Works*, ed. Basil Montagu, 16 vols.(London: William Pickering, 1825 – 34), vol. 1, 135.

5 Keith Thomas, *Man and the Natural World: A History of the Modern Sensibility*(New York: Pantheon, 1983), 132 – 133.

6 Lorraine Daston and Katharine Park, *Wonders and the Order of Nature, 1150 – 1750*(New York: Zone Books, 1998), 255 – 276.

8장

1 내면뿐 아니라 표면을 다루는 시인들과 철학자들도 존재해왔다. Wendy Doniger, *The Woman Who Pretended to Be Who She Was: Myths of Self-Imitation*(Oxford: Oxford University Press, 2005), 213 – 214를 보라.

2 G. S. Kirk and J. E. Raven, *The Presocratic Philosophers: A Critical History with a Selection of Texts*(Cambridge: Cambridge University Press, 1969), 168 – 169.

옮긴이 해설

1 Lorraine Daston, *Classical Probability in the Enlightenment* (Princeton: Princeton University Press, 1988).

2 Steven Shapin & Simon Schaffer, *Leviathan and the Air-Pump: Hobbes, Boyle, and the Experimental Life* (Princeton: Princeton University Press, 1985).

3 Lorraine Daston, "Marvelous Facts and Miraculous Evidence." *Critical Inquiry* 18 (Autumn 1991), 93–124.

4 Lorraine Daston and Katherine Park, *Wonders and the Order of Nature, 1150-1750* (New York: MIT Press/Zone Books, 1998).

5   Lorraine Daston, "Objectivity and the Escape from Perspective," *Social Studies of Science* 22 (1992), 597–618.

6   Lorraine Daston and Peter Galison, "The Image of Objectivity," *Representations* 40 (1992), 81–128.

7   Lorraine Daston and Peter Galison, *Objectivity* (New York: Zone Books, 2007).

8   Lorraine Daston, "The Naturalized Female Intellect," *Science in Context* 5 (1992), 209–225.

9   Lorraine Daston and Michael Stolleis, eds., *Natural Law and Laws of Nature in Early Modern Europe: Jurisprudence, Theology, Moral and Natural Philosophy* (Surrey: Ashgate, 2008).

10 Lorraine Daston and Fernando Vidal eds., *The Moral Authority of Nature* (Chicago: University of Chicago Press, 2004).

11 Lorraine Daston, "The Naturallistic Fallacy is Modern," *Isis* 105 (2014), 579–587.

12 대스턴은 1951년에 출생했고 이 책이 번역된 2022년에 71세를 맞았다. 그렇지만 아직도 독창적인 연구를 계속하고 있으며, 2022년에 프린스턴대학 출판부에서 *Rules: A Short History of What We Live By*를 출판했다.